KB167698

일하는 청소년이 알아야 할 법 상식

열정 페이는 개나 줘

일하는 **청소년이**
알아야 할 법 상식

열정
페이는
개나 줘

창작크루 고온 **지음** | 장수동 감수

팀

우리는 누구나 버젓한 인간입니다

일을 하고 싶어도 못하는 사람들이 많아 걱정인 세상입니다. 그런데 이때 말하는 '일'은 모든 종류의 일을 가리키는 게 아닙니다. 흔히들 말하는 '버젓한 직장'을 뜻하지요. 버젓한 직장을 갖기 전까지 임시적으로 하는 일을 대개 '알바'라 부릅니다. 하지만 알바도 노동의 대가로 돈을 번다는 점에서 버젓한 직장과 다를 게 없습니다. 그러므로 알바를 하는 사람이 버젓한 노동자가 아니라는 뜻은 아닙니다.

청소년들은 직업을 갖기 전 상태이므로 대부분 돈을 벌기 위해선 알바를 합니다. 그런데 우리 사회는 버젓한 직장과 알바를 차별하는 동시에, 같은 알바 노동자라고 해도 청소년과 성인을 구분하곤 하지요. 최근 경제 사정이 나빠지면서 청소년이 주로 해 오던 일에 '그거라도 하겠다'고 나서는 어른들이 많아졌습니다. 주유소에는 50~60대 남성이, 패스트푸드점이나 대형마트에는 경력 단절 여성이, 편의점이나 커피숍에는 20~30대 취업 준비생이 청소년의 자리를 대신하게 됐어요. 청소년은 이들마저 기피하는 더욱 열악한 직종과 노동 환경에 내몰리고 있습니다.

이러한 상황은 쉽게 해결되지 않는 복잡한 문제로 얽혀 있습니다. 중요한 것은 이런 문제 앞에서 제일 큰 피해를 입는 쪽은 사회적으로 힘없고 나약한 사람들이라는 사실이에요. 그런데 사회적 약자는 원래부터 힘이 없는 존재가 아니라, 사회 구조와 권력 관계에서 약자의 위치해 놓일 수밖에 없는 존재를 일컫습니다. 청소년은 우리 사회의 대표적인 사회적 약자입니다. 노동 시장에서도 마찬가지죠.

일하는 청소년 인구는 생각보다 많습니다. 학교를 다니는 친구들의 30퍼센트 정도가, 다니지 않는 친구들의 60퍼센트 이상이 한 번 이상 알바를 해 보았다고 해요. 이중에는 반드시 일을 해야만 생활이 가능한 실질적인 청소년 가장도 상당수 존재합니다. 이것이 바로 일하는 청소년에게 법적 상식이 필요한 이유입니다. 일하는 청소년은 단지 나이가 어릴 뿐 노동 현장에서는 '버젓한 노동자'입니다. 그들을 고용하는 어른들의 필요에 의해 아무렇게나 사용되고 버려지는 소모품이 아닙니다. 또한 청소년은 나중에 자라서 버젓한 인간이 되는 게 아니라, 이미 버젓한 인간이며, 일하는 청소년이라면 누구나 버젓한 노동자입니다.

흔히 법이란 반드시 지켜야 할 규칙이자, 지키지 않았을 땐 그에 상응하는 벌을 받는 무서운 것이라고 알고 있지요. 틀린 말은 아닙니다. 하지만 그게 다는 아니에요. 법의 본질은 사회 구성원이 서로에게 용인할 수 있는 최소한의 인정입니다. '인정사정없다'는 말이 있죠? 법은 곧 한 사회가 가진 '인정사정'의 가이드라인이에요. 책 속 인물 중 하나인 강석훈이 말합니다. 법이 내리는 벌보다 양심이 내리는 벌이 더 가혹하다고. 그리고 그것은 사람다운 사람만이 받을 수 있다고. 우리가 어떤 사람을 사람답다고 생각하는지에 대한 가이드라인이 바로 법입니다. 그리고 이 가이드라인은 끊임없이 변화합니다.

이 책은 소설이라는 형식을 빌려 일하고 있는, 또 언젠가 일하게 될 청소년이 알아야 할 가장 기본적인 법 상식을 소개하고 있습니다. 하지만 우리는 이 책을 읽은 청소년이 법의 내용보다는 가치에 대해 생각해 보았으면 합니다. 법은 모든 규정된 것들의 상징이면서도 끊임없이 그 내용을 의심해 보고 필요에 따라선 우리의 힘으로 바꿔 갈 수도 있다는 것을, 그리고 이를 위해선 변화하는 세상과 그 속에서 살아가는 우리의 인간다움에 늘 귀 기울이고 관심 가져야 한다는 사실을 기억하면 좋겠습니다.

마지막으로 우리 사회의 가이드라인이 이 땅의 청소년처럼 버젓한 인간이면서도 어리고 약하다는 이유로 차별받는 이들을 바라보며 조금씩 바뀌어 가기를 희망합니다.

2016년 10월
대표 저자 김동환

차례

◇◇◇◇

1

동네치킨

"그렇게 억울하면 너희 엄마 데려와서 따져!"

고소한 기름 냄새가 가득 찬 치킨집에 쩌렁쩌렁 고성이 울려 퍼졌다. 효민은 식은땀을 뻘뻘 흘리며 동네치킨 사장 앞에 머리를 조아리고 섰을 뿐이다. 이러려고 온 게 아니다. 하지만 효민의 머릿속은 빈 깡통처럼 메아리만 요란하다. 사장의 속사포 같은 공격에 대항할 한 마디를 찾지 못한 채 벌써 20분째다.

"콩알만 한 게 어디 어른 무서운 줄도 모르고 사기를 치려고 들어? 어느 학교 다녀? 저걸 만들 줄이나 알긴 해? 내가 그렇게 만만해 보여?"

뭐라고 대답할까. 뭐라고 대답해야 이 쪽팔린 상황에서 벗어

날 수 있을까. 구석에서 킥킥거리는 저 알바생 녀석이 제발 사장 좀 말려 줬으면 좋겠다는 생각을 하며 효민은 애먼 손톱의 때만 긁어 댔다. 정신이 멍해진 지 오래건만 오히려 후각은 예민해지고 있다. 낭패다. 고소한 치킨 냄새가 코끝을 맴도니 이곳에 이러고 선 이유조차 잊어버릴 것 같다. 효민은 초라한 자신을 바라보며 안됐다는 듯 입을 실룩거리는 알바생의 테이블에 시선이 꽂혔다. 바삭바삭한 튀김옷이 기름에 반짝이는, 따끈한 온기가 그대로 전해지는 치킨이 거기 있었다. 꼴깍. 효민은 자기도 모르게 침을 삼켰다.

"사장님, 이제 그만하고 보내 주세요. 망신도 당할 만큼 당한 것 같은데."

효민을 바라보며 킥킥거리고 한숨 쉬길 반복하던 알바생 정우가 이제야 사장을 말리러 나서려나 보다. 그런데 그 폼에서 진정성이라곤 눈을 씻고 찾아봐도 없다. 간만에 재미난 구경도 하고 시간도 때워 보자는 심산인 듯하다. 가게로 들어서려던 포장 손님이 벌써 두 팀이나 발길을 돌렸지만, 자기감정에 푹 빠진 사장은 이 사실을 아는지 모르는지 막말을 계속하고 있다. 교장 선생님 훈화처럼 끝날 듯 끝나지 않는 긴 설교다. 사장은 몇 번이나 반복한, 협박 아닌 협박을 마지막 일갈인 듯 효민에게 던졌다.

"내가 일찍 결혼만 했어도 너만 한 딸이 있어! 그래서 충고하는 건데, 다시는 이런 식으로 사기치고 다니지 마라. 지금은 좋게 보내 주지만 한 번만 더 걸리면 학교고 집이고 다 찾아갈 테니, 알아서 해!"

뭐가 좋게 보내 준다는 건지. 효민은 사장의 말 한 마디 한 마디를 잊지 않고 새겨 이날의 망신을 꼭 되갚아 주겠노라 다짐했다. 정우는 잔뜩 움츠러든 효민의 어깨를 잡고 밖으로 이끌었다. 눈물이 그렁그렁할 줄 알았건만, 용케도 울지는 않네. 효민을 흘깃 쳐다보니 오히려 멍한 표정이다.

"이제 그만 가. 우리 사장 보통내기가 아냐. 손님 많은 금요일 저녁이라 이쯤에서 끝난 줄 알아."

주춤주춤 가게 밖으로 나오며 효민은 중얼거렸다.

"거짓말 아냐. 이 간판 캐릭터, 내가 만든 거 맞다고."

"말대꾸 한번 제대로 못하면서 또 우기네. 가라. 덕분에 한 이삼십분은 쉰 거 같다. 고맙다."

이렇게 자존심 상하는 일은 효민에게 처음이다. 외동딸로 태어나 갖고 싶고, 먹고 싶고, 입고 싶은 것이 척척 준비된 환경에서 자랐다. 유복한 집안의 얌전한 외동딸이 자신의 운명이거니 하고 살아서인지, 어디에서고 말썽 한번 부리지 않았다. 세 살 때부터 가지고 놀던 찰흙으로 이것저것 만들어 선물하면 선생님이고 친구들이고 다 효민의 편이 되어 주었다. 재주가 남달라 일찌감치 미대로 진로를 결정했고, 동시에 수학을 접었더니 성적도 그럭저럭 나쁘지 않았다. 단 한 번, 어른에게 꾸중을 들었던 건 2년 전 엄마에게서였다. 예고 입시를 앞두고 찰흙만 가지고 놀다 된통 걸렸기 때문이다. 그때 엄마는 침대 밑에 숨겨 두었던 애니메이션 캐릭터 피규어를 죄다 꺼내 쓰레기봉투에 우겨 넣었다. 인생을 결정짓는 입시가 코앞인데 이런 시답잖은 거나 만들고 앉았다고, 엄마는 전에 없던 표정으로 효민을 죽일 듯이 쏘아봤다. 그날 이후 집에서 찰흙은 금지됐고, 엄마의 기대와는 달리 예고 입시에도 뚝 떨어졌다.

엄마와의 관계가 갈수록 소원해졌지만 효민은 찰흙에서 손을 놓을 수가 없었다. 욕먹을 줄 뻔히 알면서도 책상 밑에 작업용 책상을 하나 만들어 찰흙을 만지작거려야 마음이 놓였다. 그렇게 해서 만든 작품이 수백 개가 넘는다. 효민은 좋아하는 애니메이션이 개봉하면 거기 나오는 캐릭터를 모두 찰흙으로 빚어냈다. 〈토이 스토리〉부터 〈미니언즈〉까지 웬만한 애니메이션 스타는 모두 침대 밑 박스 안에 들어 있다. 그중에서도 효민이 가장 아끼는 것은 〈월레스와 그로밋〉, 그리고 〈치킨런〉의 주인공이다. 영국의 작은 아드만스튜디오에서 찰흙으로 직접 캐릭터를 빚어냈기 때문이다. 효민은 언젠가 자신의 작품을 들고 그

스튜디오를 찾아갈 날을 꿈꾸며 지겨운 미대 입시생의 나날을 견디고 있었다.

그러던 어느 날, 뜻밖의 일이 벌어졌다. 캐릭터를 빚어낼 때마다 혹시 모를 엄마의 습격에 대비해 찍어 둔 사진을 블로그에 올린 지 몇 년째, 그 캐릭터 중 하나가 한 치킨집 간판에 걸려 있다는 제보가 올라왔다. 제보자는 간판에 걸린 캐릭터 사진도 함께 보내왔다. 〈치킨런〉의 주인공 진저를 본뜬 캐릭터 가슴팍에 효민의 이니셜 'HM'이 정확하게 박혀 있었다.

처음엔 기분이 좋았다. 실력을 인정받은 듯했으니까. 엄마에게 모진 구박을 받으면서도 포기하지 않은 보람이 있었다. 그러다 문득, 그곳에 직접 가 보고 싶다는 생각이 들었다. 제보자에게 쪽지를 보내 가게 위치를 파악했다. 미술학원에서 멀지 않은 곳에 있었는데도 까맣게 몰랐다니. 효민은 재빨리 미술학원을 땡땡이칠 구실을 찾았다. 그래, 선생님한테는 손목이 아파서 병원에 가야 한다고 얘기해야지.

그렇게 보무도 당당히 가게 문을 박차고 들어갔건만……. 효민은 제대로 된 말 한 마디 못해 보고 사장에게 굴욕을 당하고 말았다. 그저 간판에 걸린 캐릭터가 내가 만든 것이고, 그 사실을 알고 있느냐고 작은 소리로 중얼거렸을 뿐이다. 그런데도 사장은 미친 사람처럼 화를 내면서 따져 물었다.

"그럼 나한테 돈이라도 달라는 말이냐?"

돈 같은 건 생각해 보지도 않았는데, 그러고 보니 틀린 말도 아니었다. 내가 만든 캐릭터로 장사를 하는데, 당연히 사용료를 내야 하는 거 아닌가? 그런 생각이 불쑥 올라와 효민은 용기를 내 말했다.

"그럼 좋고요."

이 한마디에 치킨집 사장은 효민을 범죄자 취급했다. 요즘 인건비가 얼마나 오른 줄 아느냐는 둥, 가게 임대료가 어떻다는 둥, 자영업자를 이렇게 힘들게 해서야 대한민국의 미래가 밝을 수 있겠냐는 둥, 도무지 알아먹을 수 없는 말까지 튀어나왔다. 점점 정신이 다른 세계를 헤맸고, 슬금슬금 뒷걸음질 쳐 집에 돌아온 후에야 효민은 그곳에 자기가 서 있던 이유를 떠올렸다.

"이대로 당할 순 없어!"

효민은 치킨집 사장 이야기를 하나하나 곱씹으며 반박할 말을 찾았다. 작업용 책상 위에는 여기저기 찰흙 덩어리가 굴러다니고 머리통만 완성된 〈빅히어로〉의 주인공 베이맥스가 효민을 빤히 올려다보았다. 역시 정신을 집중하는 데는 찰흙이 특효약이다. 본드를 손에 들고 완성된 몸통과 머리를 붙이려던 순간, 효민이의 머릿속에 결정적인 한마디가 떠올랐다.

내 블로그! 블로그에 사진이 있다고요!

며칠 뒤 효민은 블로그에 올린 사진을 프린트해 치킨집을 다시 찾아갔다. 그러나 애초에 치킨집 사장은 효민과 같은 십 대를 상대할 생각이 없어 보였다.

"이거 협박이냐? 협박이냐고!"

사장은 고래고래 소리를 질러 댔다. 이번엔 15분. 지난번보다 5분이나 줄었지만 신세 한탄의 범위는 더 넓어졌다.

"여당 놈이건 야당 놈이건 서민들은 죽어 나가는 줄 모르고 저희끼리 호위호식하고 말이야. 자영업자들이 이렇게 몰락하고 있는데, 너 같은 조무래기들까지 뭐? 인터넷에서 하고 많은 사진 중 하나 뽑아서 좀 썼기로서니 그게 네가 만든 건지 뭔지 어떻게 알아? 이 사진도 다 조작 아니야?"

효민은 이번에도 자신이 계획했던 한 방을 지르지 못한 채 쫓겨나야 했다. 그 뒤로 내리 다섯 번을 찾아갔다. 첫날 "이 캐릭터 제가 만든 거예요.", 둘째 날 "여기 증거 사진 가져왔어요.", 셋째 날 "제 작품 맘대로 쓰신 거 빨리 인정하세요."까지. 하지만 넷째 날부터는 아무 말도 할 수 없었다.

"야, 이 협박녀 또 왔구나?"

사장이 이렇게 비아냥거렸기 때문이다.

분에 못 이겨 잠도 못 이룰 지경에 이르자 효민은 다시 날마다 습관처럼 치킨집을 들렀다. 그렇게라도 하지 않으면 하루 종일 아무것도 할 수 없을 것 같았다. 그런데 오늘은 뭔가 예감이 좋다. 킥킥거리면서 효민을 유심히 관찰하던 알바생 녀석이 얼마 전 힌트를 하나 주었다.

"진짜 네가 만든 거면 여기 와서 똑같이 만들어 봐."

오늘에야말로 사기꾼 누명을 벗고 사장의 코를 납작하게 해 주리라! 효민의 속이 까맣게 타는 줄도 모르고, 정우는 어느덧 매일 비슷한 시간에 벌어지는 이벤트를 기다리고 있었다. 이상한 여자애 덕에 다만 얼마라도 킥킥거리며 쉴 수 있는 것이 좋았고, 매일같이 보다 보니 이제는 친밀감마저 들었다.

석훈 삼촌에게도 이 장면을 꼭 한 번 보여 주고 싶었다. 삼촌이라면 효민에게 도움이 될 정보를 알고 있을 터이고, 삼촌의 한마디면 얄미운 사장은 한 방에 나가떨어져 버릴 테니까. 최저임금이나 겨우 맞춰 주는 주제에, 그것도 주기 싫은 표정이 역력한 채 엄청 선심이나 쓰는 것 마냥 거드름을 피우는 사장이 정우는 꼴같잖았다. 효민의 일을 핑계로 사장을 망신 주고 싶었다. 그 장면을 보기 위해서라면 삼촌에게 치킨 한 마리 사는 것쯤은 충분히 값어치가 있는 일이었다. 간만에 큰돈 쓰겠다고 굳게 마음먹은 정우는 주머니 속에 든 16,000원을 만지작거리며 오늘의 이벤트를 기다렸다.

"둘 다 올 시간이 됐는데……."

큰길을 흘깃거리던 정우가 효민을 먼저 발견했다. 정우가 건넨 힌트를 용케 알아들었는지, 그 애 손에 까만 봉지가 들려 있다. 분명 찰흙일 것이다.

"왔냐? 오늘은 뭐 준비했냐?"

"알 거 없고! 오늘은 그냥 안 당해. 잘 보기나 해!"

의기양양하게 가게 문을 박차고 들어간 효민은 계산기를 두드리던 사장에게 쏘아붙였다.

"아저씨, 여기 증거 보여 드리러 왔어요!"

사장은 효민을 보자마자 피식 웃더니 슬슬 일어나 팔짱을 꼈다.

"그래? 또 뭘 협박을 하려고?"

효민은 사장의 말에 대꾸도 하지 않고 까만 봉지에 든 것을 주섬주섬 꺼내 테이블 위에 올려놓았다. 빨간색, 하얀색, 검은색, 노란색 찰흙, 그리고 샤프펜슬 하나와 본드. 준비물이 단출하다. 효민은 노란색과 검은색 찰흙을 떼어 내어 섞더니 빠르게 몸통을 만들어 갔다. 왼쪽 오른쪽 손을 오가던 찰흙이 어느새 갈색이 되었다. 이어 조물거린 노란색 찰흙을 샤프펜슬로 쓱쓱 긋자 제법 질감이 느껴지는 다리와 부리가 나타났다. 효민은 그것을 능숙한 손놀림으로 몸통에 붙여 나갔다. 작은 리본과 머릿수건, 스카프, 눈동자까지 이어 붙이자 간판에 걸린 캐릭터의 모습이 완성됐다. 그러고는 마지막으로 비장한 표정을 지으며 캐릭터의 배 위에 'HM'을 새겨 넣었다.

"이거 보이시죠? 원래 이 캐릭터 배에는 이니셜이 없어요. 이건 제가 새겨 넣은 도장 같은 거거든요. 그러니까 저기 간판에 걸린 캐릭터는 제 블로그에서 긁어 온 게 맞고요. 아저씨는 제가 만든 캐릭터를 훔쳐서 쓰신 거예요!"

"흠흠. 뭐, 잘 만들긴 했네. 그렇다고 이걸 가지고 사용료를 달라는 건 말이 안 되지. 난 인터넷에서 가져온 사진을 썼을 뿐이고, 네가 인터넷에 올린 건 여러 사람 보라고 한 거 아니야?"

그때였다. 어느새 가게로 들어왔는지 정우 뒤에 서 있던 석훈이 쓰윽 옆으로 비켜 나오더니 낮은 목소리로 읊조렸다.

"법률 제9625호 저작권법. 원저작물을 번역, 편곡, 변형, 각색 등의 방법으로 작성한 2차적 저작물과 소재의 선택 또는 배열이 창작성이 있는 편집저작물은 독자적인 저작물로서 보호되나, 그 보호는 저작자의 권리에 영향을 미치지 않는다. 저작자는 저작인격권과 저작재산권을 가진다. 저작재산권은 전부 또는 일부를 양도하거나, 다른 사람에게 그 이용을 허락할 수 있다. 저작재산권을 목적으로 하는 질권은 그 저작재산권의 양도 또는 그 저작물의 이용에 따라 저작재산권자가 받을 금전과 그 밖의 물건에 대하여도 행사할 수 있다."

"뭐라는 거야?"

사장이 황당하다는 듯 석훈에게 시선을 보내자, 정우와 효민의 고개도 함께 돌아갔다. 석훈은 법전을 외우는 고시생마냥 계속해서 중얼중얼 관련 법을 읊어 갔다.

"저작권법 제30조, 사적이용을 위한 복제. 공표된 저작물을 영리를 목적으로 하지 아니하고 개인적으로 이용하거나 가정 및 이에 준하는 한정된 범위 안에서 이용하는 경우에는 그 이용자는 이를 복제할 수 있다. 즉, 남의 창작물을 가지고 영리 목적인 사업체의 간판에 사용한 경우 명백한 저작권법 위반에 해당된다."

석훈은 숨 한 번 쉬지 않고 시종일관 같은 톤으로 말을 이었다. 그 길고 긴 문장이 끝이 나자 한꺼번에 숨을 몰아쉬더니, 이번에는 더 빠른 속도로 말했다.

"영리를 위한 상습적인 침해가 인정되는 경우라면 민사상으로 침해정지가처분을 신청하거나 정지청구소송을 제기할 수 있고 형사상으로는 저작재산권 침해죄로 고소할 수 있다. 고의 또는 과실로 저작자의 저작권을 침해한 자에 대해서도 손해배상을 청구할 수 있다. 만약 권리를 침해한 자가 침해행위를 통해 이익을 얻은 경우에는 그 이익금을 저작자가 받은 손해액으로 추정한다."

열정페이는 개나 줘

"그러니까 지금 내가 돈을 토해 내야 한다는 겁니까?"

"아마 그런 뜻 같은데요? 소송을 걸어 봐야 알겠지만."

당황한 빛이 가득한 사장의 질문에 석훈은 표정 변화 없이 대답했다. 사장은 뭔가 잘못됐음을 직감하고 갑자기 눈초리에 힘을 풀었다.

"아니, 이것 보세요, 선생님. 소송은 무슨 소송입니까? 제가 알면서 그런 것도 아니고 인터넷에 돌아다니는 걸 그냥 가져온 것뿐이에요."

"고의 또는 과실로 저작자의 저작권을 침해한 자에 대해서도 손해배상을 청구할 수 있다. 고. 의. 또는 과. 실."

"아, 그건 그렇지만 더불어 잘 사는 세상을 위해서 그렇게 각박하게 굴 것까진 없잖습니까. 네?"

석훈은 자신에게 읍소하듯 사장이 팔을 뻗어 오자 슬며시 몸을 빼 피하더니 효민의 얼굴을 바라봤다. 어떻게 해 주길 바라느냐는 듯한 눈빛이었다. 정우는 자신의 예상대로 흘러간 삼촌의 한 방을 흐뭇하게 바라보며 효민의 어깨를 툭 쳤다.

"너 어떡할래? 소송하면 돈 받을 수 있다잖아."

"뭐, 뭐라고? 이 아저씨가 한 말이 그런 뜻이야?"

'아휴, 이 답답아!' 하는 표정으로 정우가 효민을 바라봤다. 세 사람의 기류가 묘하게 흐르자 사장이 다급하게 끼어들었다.

"소송은 무슨 소송이야. 그 복잡하고 어려운 걸. 그리고 소송하려면 돈은 또 얼마나 깨지는지 알기나 해? 원래 이런 건 다 합의로 마무리하는 거야. 합의 몰라, 합의? 누이 좋고 매부 좋고 그런 거지."

효민은 태도가 돌변한 사장을 뚱하게 쳐다봤다. 효민이 무슨 말을 해도 귀담아 들으려 하지 않던 사람이 낯선 아저씨 말에 한순간 바뀌다니, 통쾌하면서도 한편으로는 께씸한 생각이 들었다.

"소송? 그거 할래요. 어떻게 하면 되는 거예요, 소송하면 돈 엄청 받을 수 있어요?"

"어린 게 겁도 없이 소송은 무슨 소송이야. 자자, 너무 흥분하지 말고 내 얘기 좀 들어 봐."

사장은 효민을 살살 구슬리기 시작했다.

"그래, 내가 잘못했나 보다. 나는 전혀 그럴 뜻이 없었는데, 법이 그렇다니까 내가 잘못한 걸 수도 있지. 근데 그게 뭐 대단한 것도 아니고 한동네 치킨집에서 간판에 네가 만든 캐릭터 좀 썼다고 소송은 너무하잖니? 마침 네가 찾아와서 따졌으니까 알았지 몰랐으면 아무 일도 없었을 거라고. 그러니까 지금 일은 이쯤에서 접고, 네가 애써 여기까지 여러 번 왔으니까 내가 인심 한번 쓸게. 마침 전단지를 만들어서 이 동네 아파트를 중심으로 쫘악 돌리려던 참이었거든. 그 전단지에 들어갈 캐릭터를 네가 만드는 게 어때? 그럼 너는 정식 작가로 데뷔하는 셈이지. 다 네 실력을 인정하니까 주는 기회야. 이렇게 하면 서로 윈윈 아니겠니? 그렇지?"

"계약서 꼭 쓰고, 계약금과 입금 방법, 입금 시기 명시하는 거 잊지 말고. 또 특정 이벤트 외 다른 용도로 쓸 경우 추가 비용이 발생한다는 조항도 넣어라."

석훈은 효민을 똑바로 바라보면서 중얼중얼했다. 효민 역시 홀린 듯 석훈의 두 눈을 바라봤다. 오랫동안 손질하지 않은 머리카락에 덥수룩한 수염, 칙칙한 얼굴색에 이상한 냄새까지 풀풀 났지만 두 눈은 명료한 빛을 내며 반짝였다. 효민은 자신도 모르게 고개를 끄덕였다. 그것을 확인한 석훈은 이내 가게 밖으로 몸을 돌렸다. 정우가 그 뒤를 따라나섰다.

"역시 삼촌이 짱짱맨이라니까. 아이고 고소해, 고소해 죽겠네."

행여나 사장이 들을까, 정우는 목소리를 한껏 낮추고 왼손으로 입을 가린 채 석훈에게 바짝 붙으며 말했다. 그렇지만 입가에 흐르는 미소만은 감추려야 감출 수가 없었다.

"머릿속에 든 건 돈 밖에 없는 인간인데, 이번에 왕창 떼이게 생겼으니 얼마나 속이 쓰리겠어. 크큭큭. 진짜 소송이라도 하면 딱 좋겠네."

정우는 점점 참을 수가 없었다. 동네 사람이 다 들을 정도로 크게 웃어 젖히고 싶은 마음이 간절했다.

"못해."

석훈이 짧고 간결하게 한마디를 던졌다.

"못하다니? 뭘 못해요? 소송을요?"

"응. 못해."

"아니, 왜요? 아까는 뭐 민사가 어떻고 형사가 어떻고 줄줄 읊어 놓고는 왜 이제 와서 못한대?"

"둘 다 똑같이 저작권법 위반이야. 원작이 있는 캐릭터와 유사한 창작물을 만든 사람도, 그걸 간판에 사용한 사람도 마찬가지. 다만 전자는 개인적인 취미 생활의 일환으로 사용한 것이기 때문에 용인될 수 있고, 후자는 영리 목적이기 때문에 책임을 져야 한다는 차이가 있을 뿐이지. 단, 개인적인 사용이라 하더라도 소장이나 보관 중에 본인의 관리 잘못으로 공개적으로 유출됐을 경우, 역시 민사상 손해배상책임을 질 수도 있어. 한편, 저작권법 제2조 제1호, 저작권법의 보호를 받는 저작물에 대하여 인간의 사상 또는 감정을 표현한 창작물이라고 정의한다. 즉 저작물로 인정을 받으려면 첫째, 사상 또는 감정을 표현한 것일 것, 둘째, 창작성이 인정될 것이라는 조건이 있는데 간판에 걸린 캐릭터는 원작이 있으니까 창작물로 인정이 안 돼. 잘해 봐야 패러디인데, 패러디물의 저작권에 대해서는 아직 논란이 많아. 그래서 안 돼. 소송 불가야."

"네? 아니, 그럼 그 애한테도 그 사실을 말해 줘야죠. 그러다가 진짜 소송이라도 하면 어떡해요."

"너희 사장이면 앞뒤 재지 않고 합의 먼저 하려 들 거야. 치킨을 싸 주든 치킨 무를 주든."

"과연……."

정우가 걱정스런 눈으로 뒤를 돌아봤다. 마침 효민이 밖으로 나오려던 참이었는지 가게 문이 드르륵 열렸다. 그 애는 양손에 치킨 서너 마리를 쥐고 있었다. 고작 치킨 몇 마리로 이 사태를 해결했으니, 역시 나는 타고난 장사꾼이야. 속으로 이렇게 중얼거렸을 사장을 떠올리니 쓴웃음이 지어졌다.

"진짜 원원 했나 보네요."

"배고파."

석훈의 말과 동시에 치킨집 광고판에 반짝하고 불이 들어왔다. 효민이 오늘 가게로 찾아와 만들었던, 두건과 작은 리본을 단 암탉이 밝게 빛나고 있다. 그러고 보면 비극이 따로 없다. 닭이 날 잡아 잡수, 하고 치킨집 광고를 하다니. 인간은 참 잔인한 존재가 아닌가. 이 얘길 삼촌에게 하려다가 입을 꾹 다물었다.

또 한 귀로 듣고 한 귀로 흘릴 테니까.

그래도 석훈은 정우가 만난 어른 중 유일하게 믿음직스러웠다. 만사에 관심 없는 듯 무표정한 얼굴이지만, 결정적인 상황에서는 엄청난 법 지식을 늘어놓으며 누군가를 도왔기 때문이다. 문제는 그게 본의 아니게 나온다는 것인데, 그거야 무슨 상관인가. 정우는 그런 석훈이 좋았다. 피 한 방울 섞이지 않았지만, 왠지 듬직하고 자랑스럽기까지 했다. 삼촌 덕에 효민이 사장 앞에서 구차하게 고개 숙일 일은 더 이상 없을 것이다. 이제는 효민을 못 본다고 생각하니 섭섭하기도 했지만, 삼촌을 잘 구슬려 도움을 주었으니 절로 으쓱한 마음이 들었다.

효민은 간만에 치킨을 배불리 먹고 나니 기분이 날아갈 듯했다. 효민의 깜짝 선물로 미술학원은 금세 파티 분위기가 됐고, 선생님도 기분이 좋았는지 수업을 일찍 끝내 주었다.

승리감에 도취되어 이대로 잠들고 싶은 밤이었다. 그렇지만 효민은 부른 배를 두드리며 다시 작업용 책상 앞에 앉았다. 역시 하늘은 스스로 돕는 자를 돕는다니까! 예상 밖의 지원군이 나타나 일이 이렇게 풀릴 줄은 몰랐다. 물론, 이 모든 게 효민이 스스로 능력을 증명해 냈기 때문이지만 말이다. 효민은 습관처럼 찰흙을 꺼내 손에 쥐었다. 부드럽고 몰캉한 찰흙이 금세 따뜻해졌다. 마음이 차분해지자 오늘 일을 처음부터 되새김질 했다.

그동안 치킨집에 드나들며 받았던 스트레스가 단번에 날아 간 통쾌한 하루였다. 사장이 깜짝 놀랄 정도로 가게 문을 힘차 게 열어젖혔고, 그 앞에서 떨지 않고 〈치킨런〉의 진저를 실수 없이 만들어 냈고, 그리고 어느 때보다 크고 분명한 목소리로 사장에게 소리쳤다.

"이거 보이시죠? 원래 이 캐릭터 배에는 이니셜이 없어요. 이 건 제가 새겨 넣은 도장 같은 거거든요. 그러니까 저기 간판에 걸린 캐릭터는 제 블로그에서 긁어 온 게 맞고요. 아저씨는 제 가 만든 캐릭터를 훔쳐서 쓰신 거예요!"

맞아, 그때부터 사장이 쫄기 시작했어. 하지만 솔직히 그 노 숙자 포스의 아저씨 도움이 결정적이긴 했지. 만약 그때 아저씨 의 지원 사격이 없었더라면 사장이 또 어떤 변명과 헛소리로 자 신을 코너로 몰았을지 모를 일이다.

효민은 눈높이로 찰흙덩이를 떠받치고 오른손 엄지와 검지 로 굴곡을 만들었다. 엄청 구질구질하던데 머리는 좀 똑똑한가? 뭘 그렇게 줄줄 읊었던 거지? 찰흙덩이가 점점 모양을 갖춰 나 갔다. 효민은 오른손으로 검은색 찰흙을 뚝 떼어 왼손에 든 덩 어리 위에 붙였다.

효민이 고작 치킨 몇 마리에 넘어갈 줄 알았다면 큰 오산이다. 오히려 이건 효민이 사장에게 던진 미끼에 불과하다. 흥, 전단지 캐릭터 작업을 해 보자고 했겠다. 저작권법? 저작재산권? 저작물침해권인가? 이번엔 법대로 밀고 나갈 테다. 이전처럼 호락호락 당할 줄 알고? 어림도 없다. 효민은 자신도 모르게 중얼중얼 입술을 움직이며 바삐 손을 놀렸다. 그때 주방에서 엄마가 부르는 소리가 들렸다.

"효민아! 나와서 과일 먹으라고 몇 번을 말해!"

엄마의 괴성에 효민은 번뜩 정신을 차렸다. 반사적으로 팔꿈치가 작업용 책상을 밀어 넣었다. 왼손에 든 찰흙을 떨어뜨리지 않으려고 손가락에 바짝 힘을 줬다.

"너 귓구멍이 막힌 거야? 빨리 나오지 못해!"

엄마의 마지막 경고가 온 집 안에 쩌렁쩌렁 울렸다.

2

타고난 사업가

정우는 오늘도 쪽잠을 자고 나와 아침 일찍 PC방으로 향했다. 끼니는 PC방에서 컵라면으로 대충 때울 생각이었다. 집에서 일찍 나와야 가스 요금은 물론 전기세도 아낄 수 있다. 오갈 데 없는 자신을 쪽방에서나마 머무를 수 있게 해 준 사장이지만, 개뿔! 한 달에 한 번씩 내는 방값, 가스 요금, 전기세까지 십 원 한 푼 깎아 주지 않았다. 그래서 겨울에는 PC방이 답이다. 지난주에 정우가 3박4일 동안 게임을 핑계로 석훈 집에서 지낸 것도 그런 까닭이다.

눈이 오려나? 바람 한 점 없는 날인데도 얼굴에 닿는 공기는 차가웠고 하늘은 잔뜩 찌푸렸다. 눈 오는 날은 가게 일이 제법

한가해진다. 배달 알바가 사고라도 낼까 봐 사장은 올 겨울부터 한 가지 원칙을 세웠다. 적설량 10센티미터일 땐 가게 문을 닫기로 한 것이다. 영업을 고집하다가 오토바이 사고라도 나면 그게 더 큰 손해라는 계산에서 나온 꼼수다. 하지만 기준이 틀렸다. 배달할 때는 적설량보다 눈이 쌓여 빙판을 만드는지의 여부가 중요하다. 게다가 강원 산간 지방도 아니고 서울에 눈이 10센티미터씩이나 오는 날이 얼마나 된단 말인가.

정우는 문득 떠오른 찰흙 소녀의 일을 되새기며 학교 담벼락을 따라 걸었다. 학교 쪽문 근처에 낯익은 얼굴이 스쳤다. 현성이었다. 지방에서 올라와 외톨이로 살고 있는 정우가 알고 지내는 유일한 또래 친구였다. 사실 친구라 하기도 뭣하다. PC방에서 안면을 트고, 몇 번 컵라면을 얻어먹은 정도니까. 돈 자랑이 심한 게 좀 재수 없긴 하지만 썩 나쁜 녀석 같지는 않았다. 가끔 팀플레이를 하기에도 괜찮은 짝이었다. 밖에서는 좀처럼 만날 수 없던 녀석을 여기서 딱 마주치다니 반가운 마음에 아는 체를 하려던 찰나, 심상치 않은 분위기가 느껴졌다. 눈을 굴려 주위를 둘러보니 네 명의 또래 남자애들이 현성을 둘러싸고 있었다. 얼핏 보아도 집단 폭행을 당하는 모양새다.

"야! 너희 뭐야!"

정우는 소리를 꽥 질렀다. 그까짓 컵라면 몇 번 얻어먹은 사이에 무슨 의리, 늘 이놈의 오지랖이 문제다. 후회했지만 이미 때는 늦었다. 현성을 둘러싼 아이들이 일제히 정우를 향해 고개를 돌렸다. 처음부터 서 있던 한 놈 말고 두 명이 앉은 자리에서 일어섰다. 무리의 대장 격인 놈은 여전히 앉은 채였다. 한 놈이 현성의 어깨에 손을 올린 채 정우를 향해 씩 웃어 보였다. 섬뜩할 정도로 썩은 미소였다. 기분으론 이단 옆차기를 날리고도 남았겠지만, 앞뒤 사정 가리지 않고 덤볐다간 일이 복잡해질 수 있었다. 무엇보다 정우는 이런 상황에 얽혀서는 안 될 이유가 있었다. 일단 아이들과 적당한 거리를 두고 멈춰 섰다. 무리 중 하나가 사납게 대꾸했다. 성량부터가 남달랐다.

"뭐가, 인마!"

사극에나 나올 법한 살기 띤 목소리에 순간 당황했지만 정우는 냉소를 흘리며 빈정렸다.

"아니, 나 현성이 친군데, 분위기가 영 꼬리꼬리 해서 말이지."

"분위기가 뭐! 뭘 알기나 하고 나대는 거냐?"

정우는 벌써 기 싸움에서 대패한 셈이다. 지금으로선 아무런 충돌 없이 현성을 빼내는 것이 최선이다. '지는 게 이기는 것'이란 옛말은 이럴 때 쓰라고 생겨났을 테다. 참아야 한다. 게다가 상대는 무려 네 명 아닌가. 척 봐도 싸움깨나 한 티가 나는 놈들이다.

그때 현성이 놈들 뒤에서 수신호를 보냈다. 분명하진 않지만 '그만두고 갈 길 가라'는 얘기 같았다. 현성은 이미 자포자기한 표정이 역력했다. 정우는 현성의 반응에 화가 올랐다. 정우의 대책 없는 심지에 불이 당겨지는 순간이었다.

"뭐? 이 새끼야!"

무리의 움직임이 예사롭지 않았다. 놈들이 순식간에 정우 주위를 둘러쌌다. 이래선 어느 한 놈에게 집중하기가 애매한데. 스텝이고 주먹이고 초점이 있어야 제 기능을 한다. 정우는 무리 중 자기보다 키가 큰 놈이 없다는 걸 알았지만, 그건 별 도움이 되지 못했다. 이렇게 무리가 한꺼번에 달려들 때는 오히려 작은 키가 유리하다. 무게 중심이 낮아야 피하기가 쉽기 때문이다. 중심을 잃고 바닥에 쓰러지면 아무리 완력이 좋더라도 매질에서 벗어나기가 어렵다. 정우는 한껏 몸을 움츠려 무게 중심을 낮추었다. 그때 빨간색 야구 모자를 눌러 쓴 놈이 정우의 무릎을 향해 킥을 날렸다. 중심을 무너뜨리려는 시도였다. 정우는 간신히 방향을 바꾸어 일격을 피했다. 어렸을 때 익혀 둔 복싱 스텝을 이렇게 써먹는구나.

빨간색 야구 모자가 말했다.

"어쭈, 너 뭐 좀 배웠냐?"

정우는 대답하지 않고 가드를 올렸다. 그때부터였다. 누가 먼저랄 것도 없이 달려드는가 싶더니 한 놈이 정우의 오른쪽 발등을 와지끈 밟았다.

"아악!"

너무 순식간이라 이번에는 피할 수가 없었다. 정우는 온 힘을 다해 발을 빼내려 버둥거렸지만, 다른 한 놈이 측면에서 정우를 밀어 쓰러뜨렸다. 쿵 하고 엉덩방아를 찧으면서 정우는 현성과 눈이 마주쳤다. 현성은 입 모양으로 계속해서 '가!'라고 외쳤다. 하지만 본격적인 발길질이 시작됐으므로 정우는 더 이상 눈을 들어 현성을 볼 수 없었다. 놈들은 옆구리, 등짝, 어깨 가리지 않고 마구 내질렀다. 정우는 셀 수 없이 날아오는 발과 주먹에 스스로를 맡길 수밖에 없었다.

"저 새끼 잡아!"

느닷없이 무리 중 한 놈이 외쳤다. 현성이 도망쳤던 것이다. 정우는 어이가 없었지만 현성이라고 달리 방법이 있었을까. 놈들이 모두 현성의 뒤를 쫓자 정우는 누워 있던 자리에서 벌떡 일어났다. 그러고는 현성과 놈들이 향한 곳으로 발걸음을 뗐다. 이길 수 없는 싸움보다 더 슬픈 건 이기면 안 되는 싸움이 있다는 것이다. 아니, 실은 이길 수 없는 싸움은 대단히 쪽팔린다.

"이씨, 그놈의 스텝 개나 줘!"

길을 건너 골목에 접어드는데 현성을 뒤쫓던 놈들이 허탈한 표정으로 돌아서는 게 보였다. 정우를 때리는 데 힘을 다 써 버린 탓인지 다들 지친 모양새다. 두 블록쯤 전방에 여전히 앞만 보고 내달리는 현성이 눈에 들어왔다. 정우는 놈들이 시야에서 벗어나길 기다렸다가 현성을 불러 세웠다.

"인마! 염현성!"

자기를 부르는 소리에 깜짝 놀란 현성이 발걸음을 멈췄다. 천천히 뒤를 돌아 그 목소리가 정우인 걸 확인한 현성은 성큼성큼 뛰어왔다.

"정우야! 너 피, 피!"

그제야 정우는 웃옷 앞섶이 피로 엉망이 된 걸 알았다. 침을 뱉어 보았다. 한 움큼의 핏물이 바닥을 흉측스레 만들었다. 입 안 어딘가가 찢어진 듯했다.

"괜찮아. 재수 없게 얼굴을 얻어맞은 거 같은데 많이 아프진 않아."

그렇게 말하고 나니 찢어진 데가 보통 쓰린 게 아니었다. 정우는 자기도 모르게 아픈 쪽 볼을 양손으로 감쌌다. 현성은 몸 둘 바를 몰랐다.

"미안하다. 나 때문에."

둘은 근처 공원 화장실로 자리를 옮겼다. 정우가 세면대 거울 앞에 섰다.

"이래서는 치킨 가게 출근하기 힘들겠네. 근데 걔들이 누군데 그러고 있던 거냐?"

피 묻은 옷을 수돗물로 닦아 내면서 정우가 물었다.

"우리 학교 일진인데, 그중 한 놈이 나한테 주문한 초콜릿을 먹고 배탈이 났대."

"다행이다."

"뭐가?"

"일진한테 맞았다고 하면 덜 쪽팔릴 테니까. 근데 너 초콜릿도 팔았냐?"

"아냐, 난 먹는 건 취급 안 해. 그 자식이 사겠다고 한 거지."

"그래? 파는 물건이 아닌 걸 사겠다고 윽박지른 놈이 잘못한 거잖아?"

"그래도 판 건 판 거니까."

"돈은 다 받았고?"

한숨을 푹 내쉬며 현성이 대답했다.

"아니, 그러니까 걔들은 늘 이런 식이야. 이번에도 신발 크기만 한 초콜릿을 하나 주문했는데, 내가 보는 자리에서 초콜릿을 손톱만큼 떼어 내더니 '자, 너도 먹은 거나 마찬가지니까 이것만 받아.' 하면서 반값도 안 되는 돈을 내미는 거지."

"삥 뜯는 방법도 여러 가지다."

"아, 이럴 땐 정말 그만두고 싶어."

"왜 못 그만두는 건데?

"너도 해 봐. 장사란 게 그렇다. 힘들고 더러워도 이게 장사꾼이 가야 할 길이란 생각이 들어."

"아, 뭔 소리야. 진짜 왜 못 그만두느냐고!"

"글쎄 나도 5년 정도 하다 보니 이유를 까먹었어."

"됐고, 일단 PC방 가서 스트레스나 좀 풀자. 근데 그놈들한테 어떻게 앙갚음을 하지?"

현성이 아이들을 상대로 장사를 시작한 건 초등학교 5학년 때부터였다. 당시 엄마들 사이에서는 해외 직구가 유행했다. 그건 해외 인터넷 쇼핑몰에서 상품을 직접 구매하는 방식이다. 현성은 어느 날 엄마가 보던 인터넷 사이트에서 특이한 디자인의 핸드폰 케이스를 발견했다. 국내에선 한 번도 본 적 없는 희귀 아이템이었다. 현성은 그걸 사 달라고 졸랐고, 엄마는 "할 수 있으면 네가 직접 해 보든지." 하며 순순히 자리를 비켜 줬다. 엄마는 현성이 해외 직구를 해낼 수 없을 거라 생각했다. 하지만 예상과는 달리 현성은 몇 시간씩 영어사전 앱을 뒤져 가며 직구에 성공했다.

얼마 후 기다리던 택배가 해외로부터 도착했고, 현성은 다음 날 새 핸드폰 케이스를 학교에 가져갔다. 그걸 본 친구들은 하나같이 너무 맘에 든다고, 새롭다고, 어디서 샀냐고 물어 대며 흥분했다. 그중에는 먼저 돈을 건네며 "얼마냐, 나도 하나 사다 줘." 하는 아이도 몇 있었는데, 그들이 바로 현성의 역사적인 첫 고객이었다. 지금 생각해도 현성은 그때 왜 물건값에서 3,000원을 부풀려 말했는지 이유를 알 수 없었다. 어쩌면 자신도 모를 장사꾼의 피가 그런 직관을 만들어 냈는지도 몰랐다.

어쨌거나 현성은 그때부터 친구들이 원하는 상품을 물건값에 배송료, 거기다 대행 수수료 3,000원을 꼬박꼬박 붙여 가며 팔아먹기 시작했다. 며칠 지나지 않아 하루 평균 세 건 이상의 주문이 들어왔다. 같은 반 친구들은 물론, 반 친구가 옆 반 친구를 불러 오고 심지어 그들의 형제자매와 그 친구의 친구까지 불러 모으니 사업은 날로 번창해 갔다. 여자아이들에겐 주로 핸드폰 케이스나 인형 따위가, 남자아이들에게는 희귀한 피규어나 스포츠 용품이 인기였다. 판매 품목은 거듭 늘어나서 최근에는 거의 100여 종에 이르렀다.

당시 엄마에게 받던 용돈이 하루 1,000원. 그거에 열 배인 하루에 10,000원 꼴로 순이익을 벌어들이던 이 사업은 초등학교 5학년이었던 현성에게는 돈벼락이나 다름없었다. 현성은 번 돈의 일부를 정기적으로 아이들에게 컵닭을 사 주는 데 썼는데, 그것도 모두 고객 관리를 위해 계획된 일이었다. 비슷한 기간에 들어오는 주문이 많아질수록 배송비를 아낄 수 있다는 사실을 알게 된 이후에는 '이 상품은 배송되는 데 한 달 정도가 걸린다.'라는 거짓말로 주문을 한꺼번에 모아 처리하기도 했다. 많이 팔리는 품목은 미리 몇 개씩 더 사 두기도 해서 점차 현성의 방은 물류 창고가 되어 갔다. 미리 사 둔 품목이 생각만큼 잘 팔리지 않을 때는 한 번씩 대폭 할인가로 창고 대방출을 하기도 했다. 현성은 그야말로 타고난 사업가였다.

하지만 어려움도 적잖았다. 학년이 올라갈수록 힘세고 거친 아이들이 말도 안 되는 가격으로 물건을 주문하며 현성을 윽박지르기도 했고, 시험 기간에도 주문받은 일을 처리하느라 밤을 꼴딱 새기도 했다. 현성이 가장 억울한 건 무엇보다 엄마의 태도였다. 엄마는 이 사업을 위해 없어서는 안 될 존재였다. 실은 엄마가 아니라 엄마의 카드가 그랬다. 처음에 엄마는 수수료가 3,000원이면 적당하다는 말로 현성의 사업을 인정해 주었다. 엄마는 해외 직구 일을 허락해 주는 대신 공부를 더 하라는 뻔한 캐릭터가 아니었다. 엄마는 카드 임대 수수료를 원했다. 지금까지 단 한 번도 빼 놓지 않고 주문 건당 1,000원의 수수료를 떼어 갔다. 엄마는 손가락 하나 까딱하지 않고 앉아서 이득을 보고 있었다. 힘든 일은 내가 다 하는데, 가만히 앉아서 금쪽같은 아들의 돈을 뜯어 가다니! 얼른 커서 내 명의의 카드를 발급받아야지 원, 더러워서 살 수가 있나. 현성은 악이 받쳤다.

그런 데다가 오늘은 일진이 떼로 나타나, 주문해 준 초콜릿을 먹고 설사병이 나서 죽을 뻔했다며 합의금을 내놓지 않으면 당장 선생님들에게 사업의 정체를 까발리겠다고 협박을 해 댔다.

"아, 이렇게 사는 게 맞나……. 정당한 노동의 대가로 받을 돈을 받은 것뿐인데. 무슨 죄인이라도 된 것처럼 나쁜 자식들!"

현성은 정우를 뒤따라 걸으며 눈이 퍼부을 것처럼 무거워진 하늘이 자신을 짓누르는 듯한 기분에 휩싸였다. 여러모로 일진이 좋지 않은 날이었다. 그런데 PC방으로 들어서던 정우가 다급히 현성을 돌아보며 낮은 목소리로 말했다.

"야, 염 사장. 너 돈 좀 있냐?"

"왜?"

"일단 카운터에 가서 핫바 하나랑 컵라면, 김밥, 과자, 살 수 있는 대로 잔뜩 사 와."

영문을 몰라 큰 눈으로 올려다보던 현성에게 정우가 말했다.

"아 쫌, 빨리 움직여. 이유는 곧 알게 돼."

잠시 후 현성은 한 손에는 물을 부은 컵라면과 핫바를, 다른 손에는 과자로 불룩해진 비닐봉지를 들고 정우에게 갔다. 정우는 노숙을 하다 온 듯한 특이한 포스의 남자 뒤에 가만히 서 있었다.

"사 왔어."

"핫바부터, 핫바!"

당장이라도 게임 속으로 빨려들 것 같은 남자의 입에 정우는 다짜고짜 핫바를 찔러 넣고, 과자와 컵라면은 그의 모니터 앞에다 부리고 잠시 기다렸다. 남자는 원래부터 들어왔어야 할 게 들어왔다는 듯 무의식적으로 우적우적 씹더니 핫바 조각을 풉 풉 튕겨 냈다.

"이건 고추 문어 맛이 아니네."

남자가 모니터에 시선을 고정한 채 중얼거렸다. 이때다 싶어 정우가 현성에게 눈짓을 보냈다.

"이제 먹었으니까 얘기해."

"뭘?"

"우리가 왜, 어떻게 그놈들한테 당했는지, 쭉 읊어 봐."

"그걸 이 아저씨한테?"

"빨리 해."

현성이 쭈뼛쭈뼛하며 사연을 늘어놓는 동안에도 남자는 변함없이 게임에 열을 올렸다. 현성은 그에게 어떤 기대감도 들지 않았다. 그런데 현성의 얘기가 끝나자 남자는 복화술 하듯 아무런 표정 변화 없이 입을 뗐다.

"해외 직구로 식품을 들여와서 국내에 판매하는 건 불법이야. 물론 니들을 때린 그놈들도 죄가 있지. 그런데 그 자식들이 식중독 걸린 게 맞대? 진단서 봤어? 보나마나 병원도 안 갔을 거야. 그러니까 고대~로 병원 가서 니들 맞은 것부터 진단서 떼."

"진짜면 어떡해요?"

현성이 물었다.

"진단서 갖고 오면 합의금 준다고 그래. 아마 지금쯤 병원 가 봐도 아무것도 안 나올 거야. 똥으로 다 나와 버렸을 테니까. 진단서 없이는 니들 때린 거에 공갈 협박에 지들이 더 불리해."

"혹시라도 초콜릿이 남아서 또 먹고 배탈이 나면요?"

"너 전에도 이런 일로 경찰서 간 적 있냐? 처음이지? 그 정돈 그냥 '다신 그러지 마라.' 하고 훈방시켜 줄 거다. 참, 네가 인터넷 판매 사이트를 만든 건 아니지?"

"예."

"그럼 앞으로 조심하면 돼. 이제부터 먹는 건 팔지 말고."

"우와, 최고! 감사합니다!"

현성이 정우를 향해 엄지손가락을 치켜세웠다. 정우는 그새 통통 부어오른 볼을 문지르며 씩 웃었다. 그때 남자가 두 사람을 돌아보며 말했다.

"자식, 감동 먹었냐? 죽이지? 앞으로 너도 나를 삼촌으로 모셔라. 액면은 이래도 귀한 분이시다. 컵닭도 하나 사 줄 테냐?"

집으로 돌아온 현성은 밤늦도록 자기 사업에 대해 다시 생각
해 보았다. 어떻게든 정비가 필요했다. 그리고 앞으로 이와 같
은 일이 또 발생할 수도 있으니 대비를 해 둬야 한다.

다음 날 현성은 엄마와 정식으로 사업자등록을 하는 것에 대
해 의논했다. 지금처럼 블로그나 별도 사이트를 만들어 물건을
파는 게 아닌 이상 통신판매업 신고는 할 필요가 없었다. 놀라
운 건 미성년자라도 부모님 동의서를 제출하면 구청과 세무서
에 가서 사업자등록 신청을 할 수 있다는 사실이었다. 이제부터
는 정당하게 세금도 내는 진짜 염 사장으로 거듭나는 거다. 청
소년 CEO라니! 현성은 생각만으로도 가슴이 설레었다.

선생님에게 일러바치겠다는 놈들의 협박은 이제 무용지물
이다. 내친김에 현성은 정우와 함께 진단서를 들고 놈들을 찾아
가기로 했다. 당황해 어쩔 줄 모르는 녀석들을 상상하니 기분이
째졌다.

3

진실만을 말하는
사이트

"오늘이 그날인가? 가게 문 닫는 날!"

정우는 잠시 한가한 틈을 타 창밖을 바라보았다. 오후가 되면서 본격적으로 내리기 시작한 눈은 이미 꽤 쌓인 상태였다.

"인마, 눈이 10센티미터 쌓이는 게 쉬운 줄 아냐? 꼼수 부리지 마."

언제 왔는지 사장이 정우의 뒤통수를 퍽 내리쳤다. 그러잖아도 현성의 일에 휘말려 여기저기 얻어터졌는데, 사장한테까지 손찌검을 당하니 영 죽을 맛이었다.

"너, 배달 좀 가라. 면허 있지?"

"예?"

웬 헛소리? 정우는 황당한 얼굴로 사장을 쳐다보았다. 분명히 면접 볼 때 오토바이는 안 탄다고 했거늘. 하루 종일 기름 냄새 맡으며 닭을 튀기면 정신이 이상해진다고 하더니만, 딱 그 꼴이다.

"저 오토바인 안 탄다고 그랬잖아요."

"가까우니까 그냥 한번 갔다 와."

"싫어요. 배달 오토바이는 몰지 않는다는 게 제 철칙이에요."

"참 내, 면허도 있는 놈이 그런 철칙은 왜 고수하는 거야. 오토바이 타려고 면허 딴 거잖아. 그러지 말고 빨리 갔다 와. 주문 밀린 거 안 보이냐?"

배달하는 형은 왜 오늘 펑크를 내서 애먼 사람 고생시키나. 오토바이가 좋아서 면허를 따긴 했지만, 알고 지내던 형이 배달 오토바이를 몰다 크게 사고를 당한 후 세운 철칙이다. 게다가 매년 10명 정도의 아이들이 배달 오토바이 사고로 죽는다고 했다. 그건 다급한 배달 시간과 관련이 깊다. 사장들은 대체로 30분 안에, 어떤 곳은 20분 안에 배달해 준다는 광고를 하고, 배달 알바를 압박했다. 정우는 시급이 높다는 이유로 배달 오토바이에 목숨을 걸고 싶진 않았다.

"눈 오잖아요. 그것도 억수로!"

"그러니까 더 잘됐지. 슬슬 가도 되잖아. 좀 늦어도 이해할 거야."

"그냥 걸어갔다 오면 안 돼요?"

"그러게 왜 눈 오는데 배달을 시키고 지랄이냐."

사장은 허공에다 괜한 삿대질을 하고는 포장한 치킨을 오토바이에 달린 배달 상자에 욱여넣었다. 정우는 막무가내인 사장의 태도에 더는 어쩔 수가 없었다.

배달은 시간이 생명이다. 지금 중요한 건 사장이 갓 튀긴 치킨을 정우에게 넘겼고, 정우는 이 치킨을 식기 전에 최대한 빠른 속도로 주문한 사람에게 가져다줘야 한다는 사실이다. 그렇지 않으면 욕이 적절히 섞인 항의 전화를 받아야 하고, 그걸 귓등으로 듣고 흘리는 내공을 발휘해야 한다. 하지만 더 최악의 경우는 '안 먹어!' 하고 고래고래 소리 지르는 주문 취소 전화다. 동네치킨 서빙 알바 5개월 차, 이것도 나름 정든 직장이라고 정우는 이곳이 오갈 데 없이 버려지는 건 원치 않았다. 어찌됐든 이 가게와 치킨의 운명이 이제 정우에게 달린 셈이다.

정우는 투덜거리면서 오토바이에 올라탔다. 밤 11시가 넘었으니, 하루 종일 밖에 세워 둔 탓에 오토바이 바퀴가 삼분의 일 정도 눈에 파묻혀 있었다.

"이게 가긴 가는 거야?"

조심스럽게 시동을 걸었다. 오토바이가 그르릉 하는 소리를 냈다.

"에라, 모르겠다. 죽기야 하겠어."

액셀을 당기니 오토바이가 털털거리며 움직이기 시작했다. 망할 놈의 동네치킨! 면접 때는 서빙 알바가 두 명이라고 해 놓고는 막상 들어와 보니 정우 혼자였다. 사장은 이상하게 치킨집 알바하려는 애들이 없다면서 정우만 보면 안타까운 듯 혀를 끌끌 찼지만 사실은 일부러 뽑지 않는 눈치였다.

예쁜 여자애라도 있음 얼마나 좋아, 말동무도 하고. 테이블이라고는 여섯 개가 전부인 작은 가게에 알바 두 명이 돌아다니면 동선만 꼬이고 어지럽다는 게 사장이 나중에 내놓은 궁색한 변명이었다. 말이 서빙이지 정우가 해야 할 일은 끊이지 않았다. 닭을 튀기는 것과 배달을 제외한 모든 일이 정우 차지였다. 저녁때쯤 주문 전화가 쇄도하기 시작하면 화장실도 못 가기 일쑤였다.

정우는 틈날 때마다 알바를 더 뽑아 달라고 이야기했지만, 그렇게 수다스럽던 사장도 알바 이야기만 나오면 입에 지퍼를 채워 버렸다.

"아, 진짜 안 나가네."

작정하고 쏟아지는 눈발 때문에 앞이 제대로 보이지 않았다. 정우는 헬멧을 살짝 열었다. 그랬더니 이번에는 마구잡이로 눈이 들이닥쳤다. 정우는 소매로 눈을 연신 훔쳐 가며 오토바이를 몰았다. 이 속도로 가다가는 배달을 하고도 욕만 얻어먹을 게 뻔했다. 하지만 아무리 속력을 올리려고 해도 거북이 걸음이고, 브레이크는 잡을 때마다 스르르 밀렸다. 하는 수 없이 땅에 대고 발을 굴렀다. 길에 쌓인 눈이 운동화 속을 파고들었다. 양말이 젖는가 싶더니 이내 참을 수 없이 발이 시려 왔다.

"맛있게 드십시오!"

예정된 시간보다 배달 장소에 늦게 도착한 정우는 두 눈을 질끈 감고 욕먹을 각오를 했지만 다행히도 손님은 별말이 없었다. 요즘 보기 드문 착한 손님이네. 이런 손님만 있으면 배달하기가 얼마나 편할까.

손님이 건네준 치킨값 16,000원을 잘 접어 주머니에 넣었다. 정우가 세 시간을 일해야 벌 수 있는 돈이다. 올해 최저임금은 6,030원. 지저분한 건 딱 질색이라던 사장은 깔끔하게 6,100원으로 올려 주었다. 오후 4시부터 새벽 3시까지, 꼬박 열한 시간을 일하는데 한 달 방값과 공과금을 빼고 나면 정우 손에 떨어지는 수당은 50,000원이 채 안 된다.

사장 말로는 정우가 특수한 케이스라 그렇단다. 정우는 자기가 어쩌다가 특수한 놈이 되었는지 모르겠지만, 잠자리가 보장된 일터는 이곳밖에 없었기 때문에 잠자코 사장이 주는 대로 받

았다

"오갈 데 없는 걸 받아주고, 일거리도 주고, 돈도 주고, 재워 주기까지 하는 데가 어디 있어. 요즘같이 팍팍한 세상에, 안 그래?"

어쩔 수 있나. 대답은 '아, 예.'

"이 동네만 해도 치킨집이 다섯 개가 넘잖아. 여기 오기 전에 다 돌아봤지? 우리처럼 대우가 좋은 집이 있느냔 말이야. 안 그래?"

'아, 예.'

대우가 좋아서 오토바이도 탈 수 있게 해 주나 보다. 그사이 눈발은 더욱 거세져 한 치 앞이 보이지 않았다. 눈은 미처 녹을 새도 없이 계속 쌓여만 갔다. 미치겠네. 뭐가 보여야 가지. 일단은 익숙한 지름길로 들어섰다. 하지만 지름길은 경사가 심한 내리막이다. 평소 같으면 그대로 미끄러져 내려갔겠지만, 눈도 오고 곳곳이 빙판이라 잘못하다가는 오토바이와 함께 고꾸라질 것 같았다. 그래서 잘 다니지 않던 다른 골목길로 돌아서 가려고 핸들을 틀었다. 눈은 계속 쏟아지고 어디가 어디인지 영 분간을 할 수가 없었다. 정우는 최대한 속도를 낮추고 경운기처럼 탈탈거리며 앞으로 나아갔다. 그때 핸드폰 벨 소리가 요란하게 울렸다. 보나마나 사장일 테다.

"너 어디야? 매장 복잡해 죽겠는데 왜 안 와!"

"아, 갑니다요."

"어디냐고! 얼마나 걸려?"

"그러니까…… 여기가 어딘지 모르겠는데요. 눈이 많이 와
서……."

사장의 언성이 높아졌다.

"장난해? 당장 뚫고 와! 기어가도 10분 거리야, 이 자식아!"

딸깍. 사장은 자기 할 말만 하고 전화를 끊어 버렸다. 늘 이런
식이지만, 오늘만큼은 정우도 심사가 뒤틀렸다. 백번 양보해서
욕먹는 거야 그렇다 치자. 눈이 이렇게 쏟아지는데, 늦는 게 당
연하지. 그새를 못 참고 보채. 확 그냥, 오토바이 들고 날라 버릴
까 보다. 못할 건 또 뭐야. 정우는 오토바이 액셀을 세게 당겼다.
골목에서 길을 잃었으니 큰길로 나가면 되겠지. 정우는 조심스
럽게 골목을 돌아 나왔다. 근데 하필이면 다시 내리막길 골목이
나왔다. 여길 지나야 큰길이 보일 듯싶었다. 아니나 다를까 멀
리 네온사인 불빛이 반짝였다. 정우는 어쩔 수 없이 속도를 줄
이고 내리막길로 핸들을 틀었다. 달달달 아래로 내려가던 오토
바이는 경사가 급해지자 속도가 빨라졌다.

"어…… 어!"

속도를 줄이려고 해도 속수무책이었다. 게다가 빙판 때문에

브레이크는 잡을 수도 없었다. 아슬아슬하게 아래로 다 내려왔다 싶었을 때 정우는 핸들을 꺾었다. 오토바이가 크게 한 번 휘청거렸다.

"아이 씨. 뭔 놈의 길이 이래."

핸들을 쥔 손에 땀이 났다. 오토바이가 기우는 느낌이 들어 살짝 속도를 올렸다. 그런데 얼마 못 가 바퀴 아래로 뭔가 덜컹하고 걸렸다. 동시에 오토바이가 공중으로 살짝 들리는가 싶더니 냅다 길 위로 미끄러졌다.

"으악!"

정우는 그대로 눈 속에 파묻혔다. 가까스로 정신을 차리고 보니 오토바이는 저 만치에서 나뒹굴고 있었다.

"아, 미치겠네."

죽었나, 살았나. 으으, 여기저기 안 아픈 데가 없는 거 보니······ 안 죽고 살았어! 정우는 비틀비틀 일어났다. 다행히 눈밭에 굴러 심하게 부러진 곳은 없는 듯했다. 문제는 널브러진 오토바이였다.

"이런 곳에 왜 과속방지턱이 있어 가지고."

오토바이는 헤드라이트가 산산조각 났고, 군데군데 찌그러지고 페인트칠이 벗겨졌다. 배달 상자는 아예 떨어져서 덜렁거렸다. 정우는 오토바이를 간신히 일으켜 세웠다. 시동을 걸어

진실만을 말하는 사이트

봤지만 힘없이 팩 하고 바람 빠지는 소리만 났다.

"그러게 내가 안 탄다니까, 망할 놈의 오토바이!"

또 핸드폰이 시끄럽게 울렸다. 아무도 없는 골목이라 그런지 벨 소리가 참으로 요란했다. 정우는 도저히 전화를 받을 자신이 없어 전원을 꺼 버렸다. 어떻게 해야 하나. 이 사태를 뭐라고 설명하지. 정우는 오토바이를 질질 끌고 큰길로 나왔다. 길 건너편으로 동네치킨 간판이 보였다. 치킨 들고 그냥 뛸걸. 사장이 오토바이를 타란다고 찍 소리 없이 탄, 내가 병신이지. 별의별 생각이 다 들었다.

뭐, 이왕 이렇게 된 걸 어쩌겠어. 사장이 지랄은 하겠지만, 자기가 시켜서 한 일이니 나도 할 말은 있다고! 정우는 굳게 마음을 먹고 큰길 신호등 앞에 섰다. 오토바이를 끌고 동네치킨 앞에 섰을 때까지만 해도 정우는 사장을 믿었다. 그래도 5개월 동안 거의 매일같이 본 사이니 정이 들 만큼 들었고, 닭을 튀기는 것도 요리라면 요리일진대 요리하는 사람은 순수하다는 말을 어디선가 들은 기억이 났다. 하지만 정우의 예상은 보기 좋게 빗나갔다.

"야, 이 새끼야! 지금이 몇 시야!"

정우 얼굴을 보자마자 사장 입에서 나온 소리였다. 급기야 정우가 끌고 온 오토바이를 보고서는 분을 삭이지 못하고 씩씩거렸다.

"이게 뭐야! 남의 오토바이를 왜 이렇게 만들어 놨어!"

사장은 배부른 오리처럼 동동거리면서 오토바이 주위를 한 바퀴 돌았다. 자기가 언제부터 그렇게 배달 오토바이를 귀하게 여겼다고. 문 밖에서 실랑이가 일자 안에 있는 손님이 하나둘 밖을 내다보았다. 정우는 이때다 싶어 언성을 조금 높였다.

"그러게 제가 오토바이 배달은 안 한다고 했잖아요. 저 진짜 죽을 뻔했다고요."

"뭘 잘했다고 큰소리야! 멀쩡한 오토바이를 고물로 만들어 놨으면 죄송하다고 사과부터 해야지. 이게 얼마짜리인 줄이나 알아?"

사장은 정우의 말을 가로막더니 마구잡이로 쏘아 댔다.

"요즘 배달하는 것들 참 문제야. 자기 오토바이 아니라고 교통 신호 무시하고 내처 달리다가 사고 내고, 아프다고 안 나오고. 지들이 폭주족이야 뭐야. 책임감도 하나 없는 자식들. 이렇게 사고를 내놓고도 적반하장으로 큰소리를 치니, 알바 무서워서 어디 장사하겠나."

그러고는 구경하는 손님 시선이 신경 쓰였는지 휙 가게 안으로 들어가 버렸다. 졸지에 개념 없는 알바생이 된 정우는 피가 거꾸로 솟았다. 그것을 신호로 여기저기 아프기 시작했다. 눈밭이라고는 해도 달리던 오토바이에서 나동그라졌으니 팔이며, 다리, 허리까지 쑤시지 않는 데가 없었다. 이런 몰골을 보고도 오토바이만 싸고돌다니! 다친 데는 없느냐고 먼저 물어야 사람 아닌가? 인간 같지도 않은 인간 밑에서 뭐 하는 짓이냐.

자존심도 없이 수그리고 다시 가게로 들어가면 영원히 알바로 살다 골로 가고 말겠지. 그렇다면 이제부터라도 구겨진 자존심 활짝 펼치고 내 갈 길을 가? 암, 가더라도 돈은 받고 가자. 그냥 가면 그간 일한 돈은 누가 주겠어? 그러니 다시 있는 듯 없는 듯 기어 들어가는 수밖에 없는 건가. 아, 진짜! 내가 이런 취급을 받으면서까지 여기서 계속 일해야 하나? 하루에도 몇 십 번씩 되풀이하는 질문, 그러나 답 없는 인생. 머릿속이 꼬여 가는데, 문이 벌컥 열리더니 사장이 소리를 질렀다.

"뭐 해! 1번 후라이드 반 마리, 4번 얼음물, 5번 무 더 주세요, 하는 소리 안 들려?"

정우는 사장의 실룩이는 볼을 무심히 쳐다보다가 대뜸 소리를 질렀다.

"아, 간다고요!"

여지없이 영업은 새벽 3시가 다 돼서야 끝이 났다. 고래고래 소리를 지르며 주사를 부리는 넥타이 아저씨들에게 대리 운전 기사와 택시까지 불러 주고 난 후였다. 사장은 엉망이 된 테이

블을 정리하라고 내뱉은 뒤 벌레마냥 굼실굼실 창고 방으로 들어갔다.

"방 좀 깨끗이 쓰지. 더러워서 못 눕겠네."

멀리서 사장이 투덜거리는 소리가 들렸다. 정우는 급히 걸레를 빨았다.

"아이고, 삭신이야. 허리에 감각이 없네."

코앞에 멀쩡한 자기 집 놔두고 왜 창고 방에서 뒹굴고 난리야. 월급에서 방세 뺄 동안은 엄연히 내 방인데.

"야, 오정우. 다 망가진 오토바이 어떻게 할 거야?"

"……."

"앞으로 월급에서 수리비 깐다. 할부로 10개월 정도면 적당할 거다. 알겠지?"

"뭐라고요?"

사장은 뭐가 대수냐는 듯 정우를 뻔히 쳐다보면서 튀어나온 배를 벅벅 긁어 댔다.

"배달이 생명인 치킨 가게에서 오토바이 없으면 배달을 어떻게 해? 수리 끝날 때까지 하루에 치킨 배달 20개로 잡고 일주일, 20 곱하기 7하면 140. 치킨 140개 팔면 매상이 얼만 줄 알아? 수리비만 네가 감당하라는 거야, 치킨값 물어내라고 안 하는 것만도 다행인 줄 알아."

"제가 오토바이 안 탄다고 그랬잖아요!"

"그런데 탔잖아? 타기만 했어? 작살을 내놨잖아 아주."

"그걸 왜 제 월급에서 까느냐고요. 제 몰골 안 보여요? 사장님이 안 해도 되는 일 억지로 시켜서 저 죽을 뻔했어요. 이거 산. 업. 재. 해. 라고요. 산재 몰라요? 치료비 물어 주셔야 된다고요!"

"산재? 여기가 공장이냐. 웃기네, 이놈."

걸레를 쥔 정우의 손에 힘이 들어갔다. 마침 월말이겠다, 이번 달 월급까지만 받고 이 더러운 곳을 벗어나리라. 더 이상 이런 악덕 사장 밑에서 구차한 알바로 살지 않으리!

"사장님 자꾸 그렇게 나오시면 저, 진짜 그만둡니다!"

정우는 두 눈을 있는 힘껏 부릅뜨고 사장의 턱을 쏘아 보았다. 눈을 마주쳐서는 안 된다. 턱이어야만 한다. 그래야 혹시라도 모를 돌발 상황에서도 의연한 모습을 보일 수 있다. 절대 동요하면 안 돼. 쳇, 여기 아니면 갈 곳 없을 줄 알고? 당장 내일부터 혼자 고생 좀 해 봐라. 이쯤 되면 아쉬운 쪽이 한발 물러서겠지.

"그래. 길게 갈 것도 없다. 네 월급에서 오토바이 수리비 일시불로 까면 가볍게 해결되겠네."

정우가 기막힌 얼굴로 사장 얼굴을 쳐다보자, 사장의 마지막 한마디가 비수처럼 이마에 와서 꽂혔다.

"오갈 데 없는 전과자를 받아 줬더니, 이렇게 뒤통수를 치네."

정우는 정신이 번쩍 들었다. 그다음은 불 보듯 뻔했다. 정우가 들고 있던 걸레가 사장의 면상을 향해 빠른 속도로 날아갔다. 걸레는 사장의 얼굴을 정통으로 때리고 불룩 튀어나온 배 위로 떨어졌다. 정우는 벌겋게 달아오른 사장의 눈을 매섭게 노려보았다. 그러고는 그대로 몸을 돌려 창고 방 옆에 쌓인 치킨 포장 박스를 시원하게 걷어찼다. 탑처럼 쌓인 박스가 와르르 무너졌다. 저딴 걸 접는다고 이 썩을 놈의 구석에서! 정우는 가게 문을 있는 힘껏 박차고 나왔다. 사장이 정우의 뒤통수에 대고 뭐라 뭐라 지껄이는 소리가 들려왔다.

"아, 열라 속 시원해!"

정우는 캄캄한 새벽하늘을 향해 버럭 고함을 질렀다. 어디로 가든 이 더러운 가게에서 쭉 멀어지는 거다. 하지만 성큼성큼 걷기는 했으나 딱히 갈 곳이 없었다. 서울 하늘 아래, 아는 이라고는 석훈과 현성뿐이다. 왠지 또래인 현성에게는 아쉬운 소리가 쉽사리 나오지 않았다.

맞아, 그래 보여도 삼촌은 어른이니까 이 몰골을 보고 외면하진 않겠지. 정우는 석훈이 상주하고 있을 PC방으로 향했다.

에이, 가는 날이 장날이라더니 막상 찾으려면 꼭 없다니까. 정우는 콜라 캔이 가득한 석훈의 전용 자리를 실망스럽게 쳐다보았다.

"삼촌 언제 나갔어요?"

"다섯 시간 정도 죽치다가 방금 나갔다."

정우는 터덜터덜 PC방을 나와 석훈 집으로 향했다.

똑똑똑.

"삼촌, 정우예요. 문 좀 열어 주세요!"

아무런 반응이 없다. 좀 더 세차게 두드렸다.

쾅쾅쾅.

"삼촌! 집에 없어요? 이 시간에 어딜 간 거야. PC방 아니면 집인데. 삼촌!"

정우가 다시 문을 두드리려고 할 때, 삐거덕 문이 열리더니 봉두난발을 한 석훈이 얼굴을 내밀었다.

"왜 이렇게 문을 안 열어 줘요? 집에 있으면서."

석훈은 정우의 등장이 반갑지도, 놀랍지도 않은 듯 무덤덤하게 다시 컴퓨터 앞으로 가서 앉았다. 정우도 그러려니 하고 석훈 옆에 붙어 앉았다. 석훈은 네 대의 컴퓨터를 동시에 켜 놓고 게임을 돌리는 중이었다. 정우는 자신을 보라는 듯 몸을 쭉 펴면서 앓는 소리를 했다.

"아이고, 아파라. 이러다 죽겠네."

석훈이 흘끗 정우를 쳐다보았다. 정우는 이때다 싶어 엄살을 떨었다.

"돌아이 사장 때문에 오늘 진짜 죽을 뻔했다니까요. 나보고 오토바이 배달을 갔다 오라잖아요. 여하튼 갈 때는 그럭저럭 갔는데 오다가 과속방지턱에 걸려 가지고 공중부양을 했다니까요. 그런데 사장은 오토바이 작살냈다고 수리비를 제 월급에서 깐다잖아요. 사람 다친 건 눈에도 안 들어오나. 진짜 거지 같아서. 때려치운다고 다 집어 던지고 나왔어요. 완전 통쾌해! 근데 너무 억울한 시추에이션 아니에요? 나는 서빙이지 배달이 아닌데, 오토바이 수리비를 왜 내가 물어내야 되느냐고요."

계속되는 정우의 엄살 퍼레이드에 석훈은 고개를 절레절레 저을 뿐, 컴퓨터 화면에 시선을 고정했다.

"삼촌, 이럴 땐 어떻게 해야 돼요? 네? 근로기준법에 알바 중에 생기는 사고에 대해서 보상받을 권리나 그런 건 안 나와 있어요? 저번에 찰흙 소녀, 그 사건 때 봤죠? 사장이 악질이라니까요. 안 그래요?"

"조용히 좀 해라."

"제가 지금 조용하게 생겼어요?"

쓰읍! 석훈이 고개를 획 돌리고는 정우를 한 번 노려보았다. 무슨 반응이 이래. 정우는 석훈의 무관심한 태도에 내심 서운했다. 하지만 석훈의 심기를 건드리지 말아야 한다. 하룻밤 신세를 져야 하니 말이다. 정우는 주섬주섬 일어났다.

"저기, 삼촌. 소독약 있어요?"

석훈이 진심으로 귀찮다는 듯 발가락으로 서랍장을 가리켰다. 정우는 슬그머니 바지를 올리고, 까진 곳 여기저기에 연고를 발랐다. 생각보다 상처가 심했다.

"으으…… 쓰라려. 타박상에는 스프레이 파스를 뿌려야 되는데. 며칠 전에는 현성이 때문에 쥐어 터지고, 다 낫기도 전에 오토바이 타다 굴러서 터지고. 멍투성이네, 아우."

정우는 연고를 제자리에 넣고 스프레이 파스를 찾아 뿌렸다. 게임에 열중하던 석훈은 정신이 사나웠던지 정우 손에서 스프레이를 휙 낚아채 서랍에 던져 넣고는 발로 쓱 밀었다.

"진짜 나 많이 다쳤는데. 멍이 이렇게 시퍼런데……."

정우는 투덜거리며 그림자처럼 구석에 놓인 간이침대로 갔다. 그러고는 마치 반듯하게 펼쳐 놓은 이불이라도 된 듯 침대에 딱 붙어 누웠다. 이 한 몸 누일 곳 있으니 다행이려나. 어쩐지 아침에 눈이 번쩍 떠지는 게 불길하더니만. 그래도 멋있었다, 오정우! 아직 안 죽었다, 오정우! 악질 사장, 언젠가 내 손으로 한 번 콱 구겨 주고 싶었다고. 정우는 사장의 면상을 향해 날아가던 걸레의 영웅과도 같은 아우라를 떠올리며 스륵 잠에 빠져들었다.

"아주 잘하는 짓이다."

벌써 몇 시간째인지 끙끙 앓는 정우를 보자 석훈은 한숨이 절로 나왔다. 그렇게 불만이더니 결국 한바탕 하고 나오셨군. 거기까지는 늘 좋지. 임팩트 있고. 하지만 그다음은 어떻게 할 건데? 그딴 것도 용기라면 개나 줘 버려. 석훈은 정우의 발치에 돌돌 말려 있는 이불을 잘 펴서 덮어 주고 다시 컴퓨터 앞에 앉았다.

마우스를 클릭하자 '진실만을 말하는 사이트' 메인 화면이 떴다. 석훈은 게시물을 찬찬히 훑어보았다. 요즘 뜨고 있는 진말사의 절대 법칙은 진실만을 말하되 그에 상응하는 돈을 걸어야 한다는 것. 만일 그것이 거짓으로 밝혀질 경우, 자신이 건 돈이 그대로 패널티로 부과된다. 또한 진말사에는 억울함을 알리는 현대판 신문고와 같은 기능도 있다. 그래서 진말사에 올라오는 글은 대부분 누리꾼 수사대의 레이더망에 포착되며, 탐정이 사건을 풀어 가듯 얼마 지나지 않아 곧 진실 여부가 밝혀지곤 했다.

또 한 건 터졌네. 마우스를 클릭하던 석훈의 손이 한 게시글 앞에서 멈췄다. V베스타V라…… 자주 보이는 놈인데. 이거 믿을 만한 거야? 석훈은 V베스타V가 올린 글을 천천히 읽어 내려갔다. 어, 여긴 우리 동네잖아?

📋 박스 할머니 뺑소니범을 찾습니다   I V베스타V

모두 아실 겁니다. 우리 동네에서 유명하신 박스 할머니요. 얼마 전에 텔레비전 프로그램인 '세상에 이런 일이!'에도 나오셨죠. 폐지를 줍고 힘들게 사시는 와중에도 거액의 돈을 사회에 기부하신 매우 훌륭한 분이시죠. 이런 분이 뺑소니에 치어 돌아가셨습니다. 제가 할머니를 최초로 목격해 경찰에 신고했고요, 주변에는 오토바이 헤드라이트로 추정되는 파편이 깔려 있었습니다. 오토바이 모델은 벨로TX1000으로 추정됩니다. 아, 어떻게 우리 동네에서 이런 일이 일어난단 말입니까? 최초 목격자인 저로서는 눈물을 감출 수가 없습니다. 사회 정의를 위해 힘쓰신 훌륭한 분이 뺑소니를 당하다니요. 내일 아침이면 뉴스에 쫙 뜰 겁니다. 최초 목격자인 저의 꿀목격담도 들으실 수 있습니다. 이 게시글 조회 수가 만 건 이상 되면 제가 찍은 리얼한 현장 사진을 추가 공개하겠습니다. 기대하시라, 개봉 박두!

이놈도 돌아이 기질이 있네. 석훈은 뭔가 석연치 않은 기분이 들어 마우스 휠을 위아래로 돌려 가며 몇 번씩 글을 정독했다. 거짓말이라고 하기엔 정황이 너무 자세하고, 덜컥 믿기에는 심상치 않았다. 그러나 이 사이트는 진말사가 아니던가. 진실이 아니면 쉽게 올릴 수 없는.

그때 부스럭거리는 소리가 들리더니 정우가 고통 섞인 비명을 지르며 몸을 일으켰다.

"아우, 죽겠네. 삼촌, 나 물 좀 줘요."

석훈은 소리 나는 쪽은 쳐다보지도 않고 방바닥에서 굴러다니던 생수를 정우 가슴팍으로 휙 던졌다. 정우가 꽥 소리를 질렀다.

"아씨, 진짜 죽을 뻔했다니까, 그러네."

석훈은 그제야 만신창이가 된 정우의 몰골이 제대로 눈에 들어왔다. 오토바이 사고가 났다고 했던가. 눈길에 미끄러져서 작살이 났다고. 석훈은 통통 부은 얼굴을 하고 물을 꿀꺽꿀꺽 들이키는 정우를 재차 바라보았다. 정우는 물 한 통을 다 비우더니 끄응 소리를 내며 일어나 화장실로 향했다. 오줌발 소리가 문 밖까지 시원하게 들렸다.

저렇게 태평한 놈이 무슨. 석훈은 피식 웃으며 진말사 사이트를 닫았다. 어느새 아침이 훤히 밝아 오고 있었다.

4

대박 사건

"또 너냐?"

장 형사가 짜증 섞인 목소리로 물었다. 계단에 쪼그리고 앉았던 사내아이가 자리를 털고 일어섰다. 160센티미터 중반 정도 키에 자그마한 체구, 앳된 얼굴의 한결이다.

"일단, 들어가자. 춥다."

장 형사는 경찰서 한쪽에 마련된 휴게실로 한결을 데려갔다. 원래는 조잘조잘 말이 많던 애가 풀이 죽은 게 이상했다. 자판기에 동전을 넣고 코코아 버튼을 누르자, 한결은 그제야 입을 열었다.

"저는 밀크커피요."

장 형사는 깊은 한숨을 내쉬며 다시 동전을 넣고 밀크커피 버튼을 눌렀다.

"너 그 진말산가 뭔가 하는 사이트에 사건 일지 올린다며? 완전 유명 인사 다 됐더라? 그런데 인마, 할머니 억울함 풀어 주려는 갸륵한 마음은 자~알 알겠는데 이쯤에서 손 떼라. 이제 중3이라며? 공부해야지."

장 형사가 밀크커피가 담긴 종이컵을 건네며 말했다.

"됐고요. 사이버 수사대는 어느 쪽이에요?"

"뭐?"

갑작스러운 질문에 장 형사가 당황한 듯 반문했다.

"신고할 게 있어서요."

"종합민원실 복도 끝으로 가면 되는데. 왜? 게임 아이템이라도 털렸니?"

"전 그딴 거 안 해요."

"그럼 조사받으러 왔구나? 거 봐라! 인터넷에 아무거나 막 올리면 안 된다니까."

"아니거든요. 고소하러 온 거란 말이에요! 인터넷 접수하려면 시간이 오래 걸린다고 해서……."

한결은 말끝을 흐렸다. 그러고는 가방에서 주섬주섬 종이 뭉치 하나를 꺼냈다. 인터넷 게시판 댓글을 캡처해서 인쇄한 종이였다. 장 형사는 종이 뭉치를 받아 들고 한 장 한 장 자세히 훑어 나갔다. 악플도 악플이지만 한결의 신상 정보가 낱낱이 공개되어 있었다. 장 형사는 종이 뭉치를 갈무리해 한결에게 돌려줬다.

"이거 생각보다 복잡하고 오래 걸릴 거야. 그리고 미성년자는 보호자 동행 하에 신고 접수가 가능해. 부모님은 같이 오셨냐?"

"꼭 보호자가 있어야 되나요? 내가 당사잔데!"

두서없이 뺙 소리를 지르던 한결이 시무룩한 얼굴로 종이 뭉치를 다시 가방에 욱여넣었다. 그러고는 남은 커피를 후루룩 마시고 자리에서 일어났다.

"엄마한텐 비밀로 해 주세요."

장 형사는 축 처진 어깨로 경찰서를 벗어나는 한결의 뒷모습을 의아하게 바라보았다.

장 형사와 한결이 처음 만난 건 며칠 전, 눈이 많이 오던 날 새벽이다. 한결은 학원 수업을 마치고 셔틀버스를 기다리던 참이었다. 그런데 같은 반 호준이 녀석이 불쑥 나타나더니 눈이 많이 와서 셔틀버스 출발 장소가 달라졌다고 알려 줬다. 학교에서는 알은척도 않던 녀석이 어째 오늘은 친절한가 싶었는데, 아뿔싸! 바뀐 정류장 앞에서 추위에 떤 지 20분 만에 눈치를 챘다.

젠장, 당했구나! 부랴부랴 원래 출발 장소로 달려갔지만, 셔틀 버스는 이미 떠난 지 오래였다. 깊게 파인 버스 바퀴 자국 위로 하얀 눈이 엷게 쌓이고 있었다.

"초딩이냐! 유치하게!"

한결은 호준이 들으라는 듯 크게 내질렀다. 입바른 소리 잘하고, 조금 잘난 척하는 자신을 또래 녀석들이 곱게 보지 않는다는 건 잘 알고 있었다. 하지만 단지 그뿐, 왕따를 당할 만한 특별한 존재감은 없었다. 오늘만 해도 그렇다. 아마도 호준의 타깃이 한결 하나만은 아니었을 테다. 얻어 걸린 놈이 더 있을 테지. 나름대로 합리화해 보았지만 호준같이 실없는 놈 장난에 놀아난 억울함이 가시지는 않았다. 자존심이 확 상한 한결은 씩씩거리며 큰길 쪽으로 발걸음을 옮겼다.

금세 눈발이 굵어졌다. 드물게 지나가는 차들도 속도를 늦추기 시작했다. 집에 어떻게 가지? 엄마한테 데리러 오라고 전화를 할까, 택시를 탈까. 둘 다 내키지 않았다. 화도 삭일 겸 걸어갈까. 부지런히 걸으면 30분 안에 아파트 단지가 나올 것이다. 지금 시각이 11시 40분, 집에 도착하면 12시가 조금 넘겠지. 자정을 넘어서 집에 들어간다고? 묘하게 짜릿함이 밀려왔다. 그러나 그 기분은 오래가지 않았다. 세찬 눈을 맞으며 걸으니 다리도 아프고 눈 뜨는 것조차 힘들었다. 온몸이 축축하게 젖어 오는 것도 영 별로였다.

이제 15분만 더 가면 된다. 한결은 아파트 단지로 이어지는 왕복 4차선 도로를 따라 걸음을 재촉했다. 양쪽으로 늘어선 상가 불빛은 대부분 꺼졌고 지나가는 사람도 하나 없었다. 이대로는 안 되겠다 싶어 주택가 골목을 가로지르는 지름길로 들어섰다. 이 내리막길을 지나 좁은 골목을 빠져나가면 동네치킨이 있는 큰길이 보이고, 그 뒤편이 바로 한결이 사는 아파트다. 동네치킨을 떠올리니 갑자기 배가 고프네. 집에 가서 엄마한테 졸라 봐야지.

내리막길에는 발자국 하나 없이 하얀 눈이 곱게 쌓여 있었다. 한결은 두 눈을 번쩍이더니 가방에서 얇은 비닐 파일을 꺼내 엉덩이에 깔고 앉았다. 절대 초딩처럼 썰매를 타고 싶어서가 아니다. 조금이라도 빨리 가고 싶어서다. 부모님이 걱정하시니까.

"하나, 두울, 셋!"

엉덩이로 가볍게 반동을 주자 비닐 파일이 미끄러져 내려갔다. 경사로를 내달리자 쌓였던 눈이 사방으로 흩날렸다. 한결은 누가 들을 새라 소리 없는 환호성을 지르며 속도를 즐겼다. 비닐 썰매는 경사로를 내려오고도 한참을 더 달렸다.

픽!

평지에서 멈춘 썰매가 중심을 잃고 앞으로 고꾸라졌다. 까만 밤하늘 아래 가로등 불빛을 타고 눈송이가 춤을 췄다. 한 번 더 탈까? 몸을 일으키던 찰나, 한결은 문득 손끝에 닿는 이상한 감촉을 느꼈다. 그것을 살짝 들어 살펴보니 얇고 딱딱한 플라스틱 조각이었다. 자동차 헤드라이트 조각인가? 가로등 주위에 그것과 같은 파편이 여기저기 흩어져 있었다. 무슨 사고가 벌어진 게 틀림없어. 대박 사건이다! 한결은 본능적으로 핸드폰을 꺼내 플라스틱 파편이 널브러진 현장을 찍었다. 파편은 손바닥보다 큰 것도 있고, 손톱만큼 작은 조각도 있었다.

으음…… 이건 오토바이 바퀴 자국인데? 빠르게 쌓이는 눈에 묻히고 있었지만 이 자국으로 보아 플라스틱 조각은 오토바이의 잔해 같았다. 커다란 곡선을 그린 바퀴 자국으로부터 얼마 떨어지지 않은 곳에는 유모차 하나가 나뒹굴고 있었다. 주위에는 납작하게 접은 종이 박스가 마치 폭탄이라도 떨어진 듯 너저분하게 펼쳐져 있었다. 유모차 주변을 두리번거리는데, 1미터가 조금 넘는 크기의 길쭉한 눈 더미가 보였다. 저건 또 뭐지? 언뜻 과속방지턱 위로 눈이 쌓인 것처럼 보였지만, 그러기에는 길이가 짧고 모양도 반듯하지 않은 게 영 이상했다.

뭔가 있다!

"오토바이 뺑소니 맞죠? 시신 근처에 오토바이 바퀴 자국이 있었어요. 제가 볼 때는……."

경찰서에 도착한 한결은 쉬지 않고 떠들어 댔다.

"뺑소니 사건은 지체하면 범인 잡기가 더 어렵잖아요. 게다가 죽은, 아니 돌아가신 분이요. 박스 할머니 맞죠? 할머니가 폐지 주울 때 끌고 다니던 유모차를 제가 잘 알아요. 전에 방송에도 나왔던 그분이잖아요. 폐지 팔아서 모은 돈으로 고아원 같은데 보내고 그러시는……. 방송에서 할머니 박스 줍는 거 도와드렸던 애들 중 하나가 저였거든요."

"그래, 그건 그렇고. 그러니까 시신을 발견했을 때는 이미 눈이 많이 쌓인 상태였다는 거지? 여기까지 내용 읽고 진술서에 사인해라."

오히려 한결의 계속되는 취조에 질릴 대로 질린 장 형사는 한결 엄마에게 고갯짓을 했다.

마포경찰서 교통조사계 장태식 경위. 그의 인생에서 오늘만큼 긴 하루는 처음이었던 듯싶다. 계획대로라면 12시쯤 업무를 마무리하고 한잔하러 갈 참이었다. 그런데 인수인계 5분을 앞두고 뺑소니 사고 신고가 들어왔다. 신고자이자 최초 발견자는 바로 이 녀석, 최한결이다. 사건 현장에 도착했을 때부터 한결은 마치 추리 영화의 주인공이라도 된 듯 흥분 상태였다. 시체를 발견하고도 무섭지 않은 모양이었다. 장 형사는 재빨리 부모에게 연락하고 찬찬히 현장을 둘러봤다.

"제가요, 저기 언덕부터 미끄러져 내려왔거든요. 여기 시체에 걸려 넘어졌으면 진짜 어쩔 뻔했어요? 제가 신고 안 했으면 경찰 아저씨들도 몰랐을 거잖아요. 그렇죠?"

애써 외면하고 현장 사진을 찍으려는 장 형사에게 한결이 계속 딴지를 걸었다.

"아, 저기요, 아저씨! 잠깐 비켜 주세요. 제가 지금 찍고 있잖아요."

"야, 최한결!"

사건 현장을 배경으로 셀카를 찍는 한결을 향해 한결 엄마가 소리를 질렀다. 헐레벌떡 뛰어오던 엄마는 평소와 같은 철딱서니 없는 아들 모습에 안도한 듯, 가쁜 숨을 몰아쉬며 걸음을 늦췄다. 그 뒤를 한결 아빠가 따랐다. 장 형사가 자초지종을 부모에게 알렸다. 피해자의 사망을 확인한 구급 대원들이 시신을 구급차로 옮기던 그 순간까지도 한결은 경찰차 유리창에 코를 박고 사건 현장을 생중계하는 방송기자처럼 바쁘게 움직였다.

"입 다물지 못해!"

엄마가 한결의 허벅지를 철썩 때리며 소리를 질렀을 때쯤에야 하던 짓을 멈췄다. 그러더니 경찰서에 도착하자마자 다시 정신을 혼미하게 만들었다. 장 형사는 진하게 탄 믹스커피를 홀짝이며 이 녀석을 빨리 보내 버려야겠다고 생각했다.

"한결이 부모님 협조 진심으로 감사드립니다. 덕분에 진술서 잘 만들었으니, 이제 댁으로 돌아가셔도 됩니다. 시간이 늦었습니다. 어서 데리고 가세요."

한결 엄마가 민망한 표정으로 다급하게 아들을 일으켜 세웠다. 엄마에게 끌려 나가던 한결은 돌아서며 소리쳤다.

"혹시 모르니까 할머니 주변 사람들도 조사해 보세요. 네? 어쩌면 재산을 노린 계획범죄일지도 몰라요. 교통사고를 위장해서 불쌍한 할머니를……."

"조용히 해! 빨리 가자, 아빠 기다리셔."

"여하튼 뭐든 알아내시면 저한테 꼭 연락 주…… 으읍!"

이후 한결의 삶은 마치 꿈을 꾸는 듯했다. 지금껏 살아온 15년 인생이 심심한 무나물 맛이었다면, 이 사건을 기점으로 시작된 제2의 인생은 중독성이 강한 바삭바삭한 치킨 맛이었다. 이제 막 스펙터클하고 미스터리로 가득 찬 새로운 인생이 막을 올리려 하고 있었다.

한결은 해가 뜨자마자 컴퓨터 앞에 앉았다. 박스 할머니 사건을 정리해서 진실만을 말하는 사이트에 올려 두었기 때문이다. 조회 수는 이미 5천을 넘기고 있었다. 그동안 진말사에 꾸준히

글을 올렸지만, 이렇게 반응이 좋았던 적은 처음이다. 페이지를 새로 고침 하자, 그사이 조회 수는 6천을 찍었다. 흥분이 쉽게 가시지 않았다.

이 정도 속도라면 저녁까지 조회 수 1만 돌파는 문제도 아니다. 어깨가 으쓱해졌다. 하룻밤 사이에 유명 인사가 된 듯했다. 자자, 침착하자. 한결은 자신이 올린 글을 처음부터 다시 정독했다. 혹시 오탈자라도 있을까, 정성에 정성을 들여 읽었다. 누군가에게 조금의 꼬투리도 잡히기 싫었다. 그러고 나서 스크롤을 내려 댓글을 살펴보는데, 점점 게시판 분위기가 이상하게 흘렀다. 한결의 얼굴에서 금세 미소가 사라졌다.

↳ **나는롸이더** 완전 헛짚으셨음. 저거 딱 보니까 알바들 타는 SLK1300 시리즈임. 개뿔 알지도 못하면 찌그러져 계시길. ㅋㅋㅋ

한결은 자기를 무시한 댓글에 얼굴이 빨갛게 달아올랐다. 손가락이 자판 위에서 다급히 움직였다. 나는롸이더의 댓글을 반박하기 위해서다.

↳ **V베스타V** 어떤 근거로 그렇게 말씀하시는 거죠? 저는 현장에서 직접 본 거고, 나는롸이더 님은 사진으로만 봤잖아요? 사진과 실물은 조금

다른 것 같습니다만?

잠시 후 나는롸이더의 댓글이 다시 달렸다. 한결은 모니터 하단의 시계를 봤다. 오전 11시를 넘기고 있었다. 이 시간에 실시간 댓글을 다는 걸 보니 방학 중인 학생 아니면 백수가 분명하리라. 한결은 나는롸이더가 번번이 취업에 실패하는 찌질이 백수라고 확신했다. 초딩같이 유치한 아이디와 경박한 문체가 그 증거 아니겠는가!

> **나는롸이더** 깨진 조각을 보니까 헤드라이트만 박살난 게 아니던데? 사진이고 나발이고 너 님이 말한 기종이랑은 프론트 펜다, 윙커의 모양과 색깔이 전혀 다름. 인터넷 서핑으로 알아내신 듯?

> **V베스타V** 확신하실 수 있어요? 불쌍한 할머니를 그렇게 만든 놈을 잡는 데 중요한 단서입니다. 괜히 다른 사람 관심 끌려고 아는 척하시면 안 돼요.

> **나는롸이더** 저거 진짜 오토바이가 사람 친 거 맞음? 조작 아님?

> **V베스타V** 조작이라니요? 저 그렇게 한가한 사람 아닙니다.

> **나는롸이더** 바쁜 사람이 새벽에 진말사 게시판에 글 올리냐?

> **V베스타V** 왜 반말이시죠? 그러는 그쪽이야말로…….

한결은 대거리를 더 하려다 그만뒀다. 댓글 창에서 커서가 깜빡였다. 이럴 때일수록 냉정함을 유지해야 한다. 나는 박스 할머니를 최초로 발견한 사람이다. 누구보다 할머니의 억울함을 풀어 드려야 할 책임과 의무가 있다. 그렇게 생각하니 마음이 가라앉았다. 한결은 게시물 하단에 글을 덧붙였다.

오토바이 기종이 '벨로TX 1000'이 아니라 'SLK1300' 시리즈라는 나는라이더 님의 제보가 있어 알려 드립니다. 다른 분들의 의견도 적극 수렴합니다. 하지만 만약 제보에 거짓이 있을 경우 그 책임을 피하기 어려우실 겁니다. 법적인 책임까지 각오하셔야 해요. 할머니를 죽음에 이르게 한 뺑소니범이 잡힐 때까지 저는 여러분과 함께하겠습니다.   - V베스타V 올림

석훈의 간이침대에 누워 기절에 가까운 수면을 취하던 정우는 간신히 눈을 떴다. 석훈은 화장실에 있는 모양인지 보이지 않았다. 정우는 사고 후유증으로 몸 여기저기가 욱신거렸다. 특히 왼쪽 팔은 어제보다 더 심하게 부은 듯했다. 입이 찢어져라 하품을 하며 자리에서 일어난 정우는 석훈의 컴퓨터를 살폈다.

게임 속 몬스터를 때려잡느라 밤새 켜져 있던 컴퓨터 네 대 중 한 대는 재부팅 중인지 요란한 소리를 냈다. 나머지 두 대의 모니터에는 중세 시대 복장의 게임 캐릭터가 다소곳이 앉아 체력을 회복하고 있었고, 다른 한 대의 모니터에는 석훈이 띄워 놓은 사진 한 장이 보였다.

정우는 모니터 속 사진에 시선을 고정했다. 눈 쌓인 골목길에 헤드라이트 파편이 여기저기 널려 있었다. 정우는 홀린 듯 컴퓨터 앞에 앉아 마우스 휠을 굴렸다. V베스타V라는 네티즌이 오토바이 뺑소니 현장에서 시신을 발견했다는 내용이었다. 게시물은 이미 조회 수 6천을 넘겼고, V베스타V와 나는라이더가 한때 실시간으로 댓글 설전을 벌였었다. 정우는 사진 속 장소가 어딘지 낯익다는 생각이 들었다.

"사생활 침해로 고소당하고 싶냐?"

어느새 정우 뒤로 다가선 석훈이 낮은 목소리로 말했다. 석훈은 정우를 제치고 컴퓨터 앞에 앉더니 다른 컴퓨터에서 돌아가던 게임의 인벤토리를 하나하나 확인했다.

"근데 삼촌, 이거 뭐예요?"

"진실만을 말하는 사이트. 진. 말. 사."

석훈은 귀를 후비적거리며 게임 화면을 응시했다. 다소곳이 자리에 앉아 있던 캐릭터가 석훈의 마우스를 따라 움직였다.

"이 사이트 믿을 만해요?"

"……."

"이 사진 봤어요? 여기 우리 동네 아닌가?"

석훈은 대꾸도 없이 정우를 빤히 올려다봤다. 정우는 모니터를 가리키며 흥분했다.

"지금 사진 속 장소에서 사람이 죽었대요."

"네가 그랬냐?"

석훈은 대답 대신 얼토당토않은 질문을 해 왔다.

다시 게임 화면으로 눈을 돌린 석훈은 바쁘게 손을 놀렸다. 화면 속 캐릭터가 몬스터를 향해 마구 칼을 휘둘렀다. 칼질 몇 번에 무시무시한 몬스터가 픽픽 쓰러졌다.

"쯧쯧, 내가 지금 누구랑……."

한숨을 내쉬며 정우는 V베스타V의 게시물을 처음부터 읽기 시작했다. 현장 사진도 찬찬히 살펴봤다. 사방이 눈밭이라 확신할 수는 없지만 사진 속 배경은 정우가 넘어졌던 골목과 흡사했다. 나는라이더의 말이 맞다면 오토바이 기종도 어제 탔던 것과 일치했다. 사고 추정 시간도 비슷하다. 그런데 그 자리에서 사람이 죽었다? 정우는 고개를 가로저었다. 오토바이 사고를 낸 것은 맞지만, 사람을 친 적은 없다. 과속방지턱에 걸려 혼자 넘어진 것뿐이다. 게다가 이 동네엔 이런 골목은 수도 없이 많다.

갑자기 두통이 세게 몰려왔다. 어제 넘어질 때 바닥에 머리를 세게 부딪친 탓이다. 아무리 눈밭에 굴렀다 해도 헬멧을 쓰지 않았더라면 이 세상 사람이 아니었겠지. 잠깐 의식까지 잃었으니 가벼운 뇌진탕이었을지도 모른다. 지금 생각해도 아찔한 순간이었다.

"그런데 뭐! 이렇게 목숨 걸고 배달한 나한테 수리비를 물어 내라고? 이 천하에 멸치 간을 발라 먹을 사장 같으니라고. 내가 그 가게에 다시는 가나 봐라. 수리비는 개나 줘 버려!"

정우는 한바탕 시원하게 소리를 내지르고는 다시 간이침대 위에 풀썩 드러누웠다. 온몸이 다시 욱신거리기 시작했다. 정우는 앓는 소리를 내며 이불을 뒤집어썼다. 모른 척 게임에 열중하던 석훈은 정우를 지긋이 바라보더니, 진말사 페이지가 열린 컴퓨터 앞으로 바싹 다가앉았다.

한결이 게시물을 추가로 올리자 뺑소니 사건은 진말사에서 최고의 화제로 떠올랐다. 한결은 조회 수 1만이 넘으면 업데이트하기로 했던 추가 사건 현장 사진과 경찰서를 들락거리며 장형사에게 알아낸 정보를 잘 버무려 마치 사회부 기자가 쓴 보도 기사처럼 게시판에 올렸다. 주말 동안 진말사 게시판에서 살다시피 한 한결이 학원에 나타났을 때, 그 애는 이미 스타가 되어 있었다. 쉬는 시간마다 한결의 주변으로 아이들이 몰려들었다.

"야, 박스 할머니 뺑소니 사건 최초 목격자가 너라며?"

"사건 현장을 목격한 건 아니고, 할머니를 내가 처음 발견한 거지."

"인터뷰도 했다며? 대~박! 너 텔레비전에 나오는 거야?"

"뭐, 어차피 신변 보호 차원에서 얼굴도 가리고 음성 변조해서 나갈 거야."

"너 진짜 시체 본 거야? 무섭지 않았어? 사람이 죽으면 딱딱해지고 피부색도 변한다던데?"

"그런 말은 고인을 욕되게 하는 거야. 명예훼손이라고."

한결이 나무라듯 말했다.

"쳇, 그런 놈이 사건 현장에서 셀카를 찍냐?"

옆에서 듣고 있던 호준이 비아냥댔다.

한결은 얼굴이 화끈거리는 걸 느꼈다. 두 번째 글을 쓸 때 사건 현장에서 찍은 셀카를 올린 건 실수였다. 하도 조작입네 하는 소리를 듣다 보니 본인 인증 차원에서 얼굴을 모자이크 처리해서 올린 것뿐이다. 그마저도 비난이 거세 바로 삭제해 버렸지만, 어느새 그 사진은 인터넷 커뮤니티 곳곳에 퍼지고 말았다.

"네가 진짜 박스 할머니를 위하는 맘이 요만큼이라도 있으면 목격자답게 조용히 찌그러져 있었어야지. 인터넷에 쓸데없는 글이나 올리고, 너 위선자 아니야? 혹시 관심종자냐?"

"뭐? 관심종자? 그러는 너야말로 오프라인 관심종자다. 다른 애들 관심 구걸하려고 거짓말이나 하는 허언증 자식이!"

"이 새끼가! 죽을래?"

둘은 금세 엉겨들었다. 책걸상이 와르르 무너지자 여자아이들의 비명이 교실을 채웠다. 좁은 교실 바닥을 이리저리 구르던 두 녀석은 선생님들이 달려오고 나서야 겨우 떨어졌다.

"사내자식들이 물고 뜯고. 이게 뭐냐?"

머리엔 까치집을 짓고 할퀸 상처로 얼굴이 벌게진 둘은 원장실로 끌려와서도 실랑이를 벌였다.

"호준이가 먼저 시작했어요!"

"할머니 팔아서 인기나 끌려던 주제에! 위선자!"

"닥쳐! 허언증 관심종자야!"

"그만들 해라. 중학생씩이나 돼서 부모님 모셔 올 거야? 둘이서 원만하게 합의 보는 게 낫지 않겠어?"

부모님 얘기가 나오자 한결은 마지못해 호준에게 먼저 화해의 악수를 청했다. 그러고는 화장실로 달려가 손을 벅벅 씻고, 곧장 PC방으로 직행했다. 무식한 녀석이랑 말 섞은 것 자체가 실수였어. 서둘러 진말사에 접속하려고 아이디를 입력하는데, 핸드폰 진동이 연속으로 울렸다. 수업 땡땡이친 걸 원장님이 벌써 엄마에게 알린 것일까. 핸드폰 화면을 들여다보니, 전화가 온 게 아니라 누군가 연속으로 보낸 문자가 쌓여 있었다. 어리둥절해서 문자함을 열어 보니, 수십 통의 욕설이 가득했다. V베스타V가 아닌 최한결이라는 본명까지 찍혀 있었다.

한결은 재빨리 진말사 게시판에 들어갔다. 아니나 다를까 한결의 글 아래 'Re : 거짓말쟁이 V베스타V의 정체를 밝힌다!'라는 제목의 글이 달려 있었다. 그 글에는 한결이 찍은 셀카를 배경으로 본명부터 생년월일, 이메일 주소 등 신상 정보가 빼곡히 적혀 있었다. 게시물 댓글에는 한결의 집주소와 전화번호, 학교와 학원까지 까발려져 있었다. 모두 정확했다. 손발이 달달 떨렸다. 한결은 자리에 앉은 채로 울음을 터뜨렸다. 갑자기 세상이 한없이 작아져서 자신을 옥죄었다가 한없이 커져서 자신을 한낱 모래알로 만들었다. 소리 없이 왈칵 터져 버린 눈물은 멈추지 않았다. 그때 한결의 앞으로 콜라 캔 하나를 불쑥 내민 사람이 있었다. 석훈이었다.

"최한결 맞지?"

자신의 이름을 부르는 소리에 한결은 울음을 뚝 멈췄다. 이거 현피인가? 모든 신상이 까발려졌으니 충분히 가능한 일이었다. 놀란 눈으로 뒤돌아보는 한결에게 석훈이 말했다.

"〈트루 매거진〉 강석훈 기잔데, 잠깐 인터뷰 좀 할 수 있을까?"

사건 현장은 말끔히 치워져 있었다. 사고의 흔적이라고는 시신이 있던 자리를 표시한 스프레이 자국뿐이었다. 골목과 연결된 큰길 가로수에 '목격자를 찾습니다.'라고 쓰인 현수막이 바람에 펄럭였다. 석훈은 사건 현장을 유심히 관찰했다. 정우가 말한 사고 지점에 과속방지턱은 없었다. 그의 추리가 맞는다면 아마도 정우는 박스 할머니를 과속방지턱으로 착각했을 터, 그런데 그게 가능할까?

"할머니 시신 위로 눈이 덮여 있었다고 했지?"

석훈이 한결을 돌아보며 말했다. 한결은 미심쩍은 눈으로 석훈을 훑어보았다.

"정말 기자 맞아요?"

"명함 보여 줬잖아."

"그거야 위조할 수도 있잖아요. 기자증 같은 건 없어요?"

"기자증도 위조할 수 있어. 너, 내가 후줄근해 보여서 의심하는 것 같은데, 사회부 기자는 원래 이래. 드라마도 안 봤냐?"

한결은 딱히 반박할 여지가 없었다.

"사진은 안 찍어요?"

"아차, 그렇지."

한결의 말에 퍼뜩한 석훈은 핸드폰을 꺼내 골목 여기저기를 찍었다.

"아니, 제 사진이요. 인터뷰하러 오셨다면서요."

"나는 뺑소니 사건을 취재하러 왔고, 너는 그 사건의 목격자니까 인터뷰가 맞긴 하지. 그런데 네 사진을 왜 찍어? 찍으려면 현장 사진을 찍어야지. 그렇게 신상 털리고도 아직 정신 못 차렸구나."

"저, 인터뷰 안 할래요."

한결은 석훈에게서 빠르게 돌아서서 걸음을 옮겼다.

"그럼 말아라. CCTV도 목격자도 없는 사건 현장의 최초 발견자가 너야. 그런데 너는 협조할 생각이 없어. 뭐, 연간 발생하는 뺑소니 사건 범인 검거율이 90퍼센트가 넘는다고 하니 언젠가는 잡히겠지. 처벌도 받을 테고. 물론 공소시효 안 넘기고 재판까지 갔을 때 증거가 충분하다면 말이야."

"……. 뭘 물어보고 싶은 건데요?"

한결이 걸음을 멈추고 되돌아섰다.

"그날 찍었던 사진, 인터넷에 올린 게 다니?"

석훈은 의미심장한 미소를 지어 보였다.

장 형사는 책상에 머리를 처박고 눈을 비볐다. 박스 할머니 뺑소니 사건은 화제성에 비해 진전이 없었다. 한 가난한 노인이 자신보다 어려운 환경의 아이들을 도우며 살다가 비극적으로 생을 마쳤으니, 기자들이 기를 쓰고 달려들 만했다. 게다가 그 중학생 녀석이 인터넷에 사건 개요를 상세하게 올리는 바람에 일파만파로 일이 커졌다. 진말사를 중심으로 '박스 할머니 뺑소니 사건의 범인을 잡기 위한 누리꾼의 행동' 같은 움직임이 일었다는 이야기도 들었다.

하지만 사건 해결은 여의치 않았다. 하필이면 CCTV 사각지대에서 사고가 났기 때문이다. 유의미한 CCTV는 현장에서 100여 미터 떨어진 곳에서 간신히 찾았다. 그 CCTV로 확인한 장면은 오토바이를 끌고 가는 사람의 모습뿐이었다. 밤이라 어두운데다 눈까지 날리고, 화질도 떨어지니 얼굴을 정확히 확인하는 건 불가능했다. 다만 키가 꽤 큰 젊은 남자라는 것과 오토바이에 배달통이 달려 있다는 것 정도는 알 수 있었다. 나머지는 전문가의 분석이 필요했다.

그동안은 유일한 단서인 오토바이 부품을 들고 발로 뛰는 수밖에 없었다. 장 형사는 이 형사와 함께 이 동네 일대에서 SL K1300 기종 오토바이를 소유한 배달 음식점 조사에 나섰다. 하지만 대부분의 음식점은 골치 아픈 일에 휘말릴까 몸을 사리는 분위기였고, 알바생은 주먹구구식으로 관리되고 있어서 딱히 성과가 나질 않았다.

성과가 없기는 석훈도 마찬가지였다. 한결에게 공개하지 않은 사진 파일 몇 개를 받기는 했지만, 딱히 중요한 단서를 찾지 못했다. 진말사 게시판은 한결이 올린 뺑소니 사건 글로 분위기가 잔뜩 고조돼 있었다. 그러나 날이 갈수록 뺑소니범을 찾겠다는 사건의 본질은 흐려지고 누리꾼들은 한결을 겨냥한 마녀사냥에 열을 올리고 있었다.

석훈은 진말사의 관리자로서 지금의 상황을 정리할 필요가 있다고 판단했다. 일단 악플러들과 한결의 신상 정보를 공개한 사람들을 찾아 경찰에 고발 조치하겠다는 공지를 올렸다. 그러고 나서 너저분한 머리를 양손으로 벅벅 긁으며 다시 한번 뺑소니 사건을 되짚어 보았다. 아무리 생각해도 집에 찾아온 날 했던 말이며 사건 정황상 정우가 의심스러웠다. 사고를 내고도 태연할 녀석은 아니지만, 여러 증거가 정우를 범인으로 지목하고 있었다. 본인은 사건이 어떻게 돌아가는지 짐작조차 못하는 눈치였지만 말이다.

석훈은 그날 밤 정우가 지나갔던 길을 그대로 따라가 보기로 했다. 내리막길을 걸어 사고 지점에서 큰길 쪽으로 난 골목을 지나자 동네치킨이 보였다. 지난번에 찰흙 소녀를 만났던 곳이다. 고소한 치킨 냄새가 폴폴 풍기는 그 앞에서 석훈은 엉망으로 망가진 채 세워져 있는 배달 오토바이를 발견했다. 헤드라이트는 물론 윙커, 프론트 펜더에 몸체 측면까지 심하게 파손된

게 정우가 말한 그대로였다.

"그 전과자 녀석이 언젠간 사고 칠 줄 알았다니까요."

오토바이를 살피며 가게 앞을 서성이던 석훈은 가게 안쪽에서 사장 목소리가 새어 나오자 바짝 귀를 기울였다.

"전과자요?"

"무슨 폭행 사건인가 때문에 집행유예 받았다고 합디다."

"그 애 지금 어디 있는지 아세요?"

"원래 우리 가게에서 먹고 자던 놈인데, 며칠 전 사고를 내고는 사라졌어요. 이 동네 놈이 아니라 어디 있는지는 몰라요."

석훈은 가게 유리에 붙은 시트지 틈새로 안을 들여다보았다. 사장이 건장한 남자 두 명과 이야기를 나누고 있었다. 탐문 수사를 나온 장 형사와 이 형사였다.

"오토바이 수리비에 방값에 이거 월급에서 까도 한참 부족하다고요."

석훈은 기가 찼다. 푼돈 얼마 주면서 서빙에 온갖 잡일까지 부려 먹은 걸 잘 아는데, 주제에 주인도 없는 방의 방세까지 다 받아 챙기겠다니. 정우가 사장 얘기를 하며 분통을 터트린 게 이해가 가고도 남았다.

"가게까지 다 박살 내고, 어린놈이 마지막에는 반말 짓거리에 욕까지 하더라고요. 그뿐인 줄 아십니까. 저한테 걸레를 던졌어요. 요거, 요거 명예훼손에 폭행에 상해에 기물 파손 아닙니까!"

여기까지 듣던 석훈은 참지 못하고 가게 안으로 들어섰다.

"걸레에 맞아서 피부병에라도 걸리셨나요? 그럼 진단서를 떼서 증거를 가지고 계셔야죠. 폭행과 상해는 고의와 우발을 떠나 피해자의 상태, 특히 상해 진단서 제출 여부에 따라 결정된다, 이게 기본입니다. 기물 파손도 치우기 전에 사진을 남겨야 혐의 입증이 가능합니다. 고소를 하든 소송을 하든 증거가 중요합니다."

"아오, 저 인간이 또 왔네, 또 왔어."

석훈을 곁눈질로 살피던 사장이 작은 소리로 중얼거렸다.

"그리고 여기 후라이드 하나! 땡초 하나 포장이요!"

석훈은 사장이 구시렁대는 소리를 못 들은 체하며 말했다. 사장은 억지웃음을 보이며 대답했다.

"이제 막 기름 올렸으니까 조금만 기다리세요."

그리고 나서 사장은 번뜩 뭔가 생각난 듯 주방으로 향하던 발길을 급하게 돌렸다.

"잠깐만요, 형사님들. 저 손님이 그 자식, 아니, 오정우랑 아는 사이예요."

순간 형사들의 시선이 석훈에게 쏠렸다. 장 형사가 경찰 신분증을 보여 주며 석훈에게 다가섰다. 이 형사는 때마침 걸려온 전화 때문에 밖으로 나선 뒤였다.

"경찰서에서 나왔습니다. 얼마 전 저기 상가 거리 근처 골목에서 뺑소니 사고 있었던 거 아시죠?"

"그래요?"

석훈이 심드렁하게 대꾸했다.

"여기서 알바하던 오정우 학생이랑 아는 사이시라고요?"

"한동네 사니까 오가다 안면 있는 정도?"

"아, 삼촌, 삼촌 하던데?"

사장이 얄밉게 끼어들었다.

"형이라기엔 나이 차가 있고, 아저씨는 내가 싫고. 그렇다고 누구 씨, 누구 씨 그럴 사이는 아니니까요."

"최근에 본 적 있습니까?"

"한 이틀 됐나. 요기서 닭 튀기는 거 보긴 했는데……."

장 형사가 떨떠름한 얼굴로 석훈에게 몇 가지 더 물어보려 입을 떼는 찰나, 통화를 마친 이 형사가 가게 안으로 얼굴을 들이밀었다.

"장 형사님, CCTV 분석 끝났답니다!"

그 말을 듣고 장 형사는 뒤도 돌아보지 않고 가게를 나섰다. 덕분에 석훈은 뜻밖의 심문을 피할 수 있었다.

그로부터 한 시간 뒤 석훈이 치킨이 든 봉지를 들고 터덜터덜 집으로 들어섰을 때, 정우는 컴퓨터 모니터 앞에 얼어붙은 듯 앉아 있었다. 미동도 하지 않던 정우는 마우스 잡은 손을 미세하게 떨었다. 석훈이 의아해하며 정우의 시선이 꽂힌 곳을 바라보았다. '오토바이 뺑소니 사건 용의자 공개 수배'라고 쓰인 큼직한 뉴스 자막이 눈에 들어왔다.

"박스 할머니 뺑소니 사건의 유력한 용의자로 치킨집 배달원 오○○ 군이 지목됐습니다. 경찰은 사건 당일 현장에서 100여 미터 떨어진 CCTV에서 오 군이 오토바이를 끌고 가는 장면이 포착됐다고 밝혔습니다. 오토바이는 사고를 당한 듯 많이 부서져 있었고, 오 군 또한……."

정우는 겁먹은 얼굴로 석훈을 돌아봤다. 의문과 불안으로 가득한 눈빛이었다. 석훈은 아무 말 없이 치킨을 꺼내 책상 위에 올려놓았다. 동네치킨 박스를 본 정우의 눈이 커졌다.

"서, 설마 거길 다녀오신 거예요? 삼촌도 날 의심해요? 사장한테 말했어요? 나 여기 있다고? 아니에요. 뭔가 잘못됐어요. 난 사람 죽인 적 없다고요. 억울해!"

"그럼 경찰서 가서 아니라고 당당히 말해."

"그, 그건……. 시, 싫어요."

"왜? 집행유예 받은 적 있어서?"

갑자기 망치로 머리를 얻어맞은 듯했다. 삼촌은 도대체 어디까지 알고 있는 걸까? 정우는 모든 것이 혼란스러웠다.

"삼촌은 나 믿죠? 믿는 거 맞죠?"

"너는 네가 진실을 말한다고 확신하니?"

"전 사람 죽인 적 없어요. 진짜예요!"

"너 그날 과속방지턱에 걸려 넘어졌다고 했지? 내가 오늘 거기 가 봤다. 거기엔 과속방지턱이 없어. 그게 뭘 뜻하는지 아니?"

말문이 막혔다. 정우는 눈시울이 붉어졌다.

"지금 널 신고하지 않으면 나도 함께 벌을 받는다."

"진짜 저 아니라니까요. 정말 억울해요! 그리고 저 사건으로 다들 눈이 시뻘개져 있는데, 용의자인 내가 나타나면 경찰이 순순히 내 말을 믿어 줄까요? 삼촌, 법이 그렇게 공정해요? 법이 억울한 사람, 힘없는 사람 보호해 준다고 확신할 수 있냐고요!"

"저작권 도용당했던 그 여자애랑 학교에서 장사하다 봉변당한 네 친구……. 부모님도 선생님도 해결 못해 준 걸 법이 해결했어. 안 그래? 동네치킨 사장이 근로기준법만 잘 지켰다면, 네가 터무니없는 시급을 받으며 그렇게 일하지 않아도 됐을 거야. 법은 약속이야. 모두가 잘 지키면 문제 생길 일이 없어."

"그래서 소송 걸고 재판받으면 억울한 마음이 다 풀려요? 삼촌도 그건 아니라고 했잖아요. 내가 왜 학교도 그만두고 이러고 있는 줄 알아요? 그때 왜 그런 판결을 받았는지 아느냐고요! 난 안 믿어. 그 거지 같은 법 때문에 내가 무슨 일을 당했는데!"

정우는 악을 쓰며 눈물을 흘렸다. 그런 정우를 가만히 바라보던 석훈이 갑자기 성큼성큼 컴퓨터 앞으로 다가갔다. 그러고는 뉴스 영상이 흘러나오는 모니터를 꺼 버렸다.

"나는 이 방송 못 본 거다. 일주일이야. 그때까지 네가 범인이 아니라는 걸 밝혀내. 아님 경찰서에 가는 거야."

석훈은 무뚝뚝한 표정으로 밖으로 나섰다. 정우는 심란해진 표정으로 콧물을 훌쩍이며 꺼진 모니터를 한참 동안 바라봤다.

5

이런 시급

박스 할머니 뺑소니 사고가 난 지 5일째, 석훈은 PC방으로 올라가는 대신 1층 편의점으로 들어갔다. 지린내와 구린내로 가득한 집 안에서는 한시도 있을 수가 없었다. 냄새의 주범은 정우였다. 괴물 같은 녀석의 몸에선 지구상에선 맡아 본 적 없는 심한 악취가 났다. 동네치킨 사장과 싸우고 갈아입을 옷 하나 없이 가게를 뛰쳐나왔다고 했으니……. 이 사태에 비하면 그 애를 둘러싼 상황이 심상찮게 돌아가고 있다는 사실은 매우 고차원적인 일에 속했다.

"속옷은? 그래도 속옷은 매일 갈아입어야지."

"그렇잖아도 한두 번 더 돌려 입은 다음 빨 생각이었어요."

"뭣! 그만 개나 줘 버려!"

석훈은 문을 박차고 나갔다.

"삼촌! 어, 어디 가요?"

석훈이 사라지자 정우는 혼잣말로 중얼거렸다.

"깔끔한 척하시기는. 내가 말을 안 해서 그렇지, 이 집에 첨 왔을 땐 삼촌 냄새가 더 역겨웠거든요."

그러면서 정우는 자신의 몸 여기저기에 코를 갖다 대고 킁킁거렸다.

석훈은 정우에게 줄 속옷과 양말을 사러 나온 길이었다. 저 나이 땐 나도 그랬던가. 온몸이 정체를 알 수 없는 열정으로 끓어오르지만 막상 할 수 있는 건 없다. 그것이 안에 고이고 고여 썩는 냄새. 저맘때 남자아이들에게선 그런 냄새가 난다. 특히 남학교는 그 냄새의 온상이다. 도무지 학교에선 해결이 안 되는 것이다. 아, 더러운 것들.

석훈은 편의점에 올 때마다 이곳에서 일하는 아이들이 커다란 기계의 부속품처럼 느껴졌다. '어서 오세요. ○○편의점입니다.', '멤버십 카드 있으신가요?', '현금 영수증 필요하세요?', '고맙습니다. 또 오세요!' 매뉴얼을 무한 반복하며 손님을 응대하는 아이들이 애잔하다. 하지만 어떤 곳에서든 최선을 다해 일하는 아이들은 눈물겹도록 아름답다.

"저기요, 양말은 어디 있죠?"

그날따라 편의점 알바생 시연은 석훈이 들어오는지도 모르는 채 전화 통화에만 몰두하고 있었다. 시연은 같은 반 친구인 효민과 벌써 30분째 심각한 이야기 중이다. 석훈은 시연이 아무 말이 없자 머쓱한 표정으로 다시 한번 편의점 안을 둘러봤다. 그러다 카운터 가까이 진열된 폭탄 세일 생수에 시선이 꽂히면서 본의 아니게 시연의 통화를 엿듣게 되었다.

"정말이야. 당장 그만두고 싶은데, 아직 한 달이 안 돼서 그러지도 못하겠어."

"무슨 상관이야. 당장 그만둬. 그런 사람은 경찰에 신고해서 고생을 좀 해 봐야 돼."

"경찰? 생각만 해도 무서워. 나중에 길에서 마주치기라도 하면……. 그리고 그동안 고생한 생각하면 한 달 월급은 제대로 받아야 할 거 아냐."

"널린 게 편의점인데, 딴 데 알아보면 되지. 그런 사람이랑 어떻게 한 공간에서 지낼 수 있니?"

"원래부터 그런 사람은 아니었어."

"한 번이라도 그런 행동을 했으면 성추행범인 거지. 원래부터 아닌 게 어디 있어!"

"효민아, 혹시 내가 뭘 잘못해서 그런 걸까? 자꾸 그런 생각을 하게 돼."

"그게 말이 되니?"

"첨에는 점장님이 진짜 잘해 줬어. 점심때는 일부러 멀리까지 가서 초밥을 포장해 오기도 하고, 짜장면을 먹어도 꼭 탕수육까지 시켜 줬다니까. 힘든 일은 다 알아서 하고 나는 손도 못대게 했어."

시연은 지난가을 아르바이트를 시작했다. 난생 처음 해 보는 일이었다. 인터넷 서핑을 하다가 맘에 쏙 드는 태블릿 PC를 발견했는데, 엄마한테 사 달라고 하면 인터넷 강의를 들을 때만 사용하라고 구속받을 게 뻔했다. 내 맘대로 자유롭게 사용하려면 스스로 해결하는 게 현명했다. 아르바이트 경험도 쌓을 겸 말이다.

그래서 찾게 된 것이 초보 알바의 정석이라고 불리는 전단지 아르바이트였다. 일단 어린아이들이나 경력 없는 사람이 가장 손쉽게 할 수 있는 일이었고, 그래서 일자리를 구하기가 무척 쉬웠다. 오래 걸어야 하니까 덤으로 다이어트까지 할 수 있으니, 시연에게 이보다 더 좋은 아르바이트는 없었다.

전단지 아르바이트는 크게 배포와 부착, 두 가지 형태로 나뉜다. 배포는 지하철역처럼 사람이 많이 오가는 곳에서 직접 전단지를 나눠 주는 것이고, 부착은 아파트 게시판이나 전봇대, 길가의 시설물에 전단지를 붙이는 것이다. 시연은 전단지 부착을 선택했는데, 무엇보다 다녀 보지 않은 길을 섭렵할 수 있다는 게 가장 큰 매력이었다. 인터넷에서 적당한 자리를 찾아 해당 사무실에 전화를 하는데 벌써부터 설레기 시작했다. 자기 힘으로 돈을 번다는 사실이 곧 갖게 될 태블릿 PC에 대한 기대감보다 훨씬 압도적이었다. 그건 엄마도 마찬가지인 듯했다. 첫 아르바이트로 들뜬 시연에게 엄마가 이런 얘길 했다.

"너 첫 심부름 때 생각난다."

"그게 언제야?"

"넌 기억 안 날 거야. 여섯 살 때였는데, 네가 갑자기 만두가 먹고 싶다는 거야. 냉장고에 사 둔 게 있는 줄 알았는데 없더라. 담에 사 주겠다고 했더니 네가 주저앉아 울었어."

"그래서 어떻게 했어?"

"그럼 네가 사 오라고 말했지. 가만 생각하니까 혼자 보내도 괜찮겠다 싶었어. 그때부터 엄마 가슴이 쿵쾅쿵쾅 뛰었지."

"왜?"

"엄마 손 잡지 않고 처음으로 집 밖에 나가는 거였고, 게다가 첫 심부름이었으니까."

"분명히 성공했겠지?"

"아냐, 실패했어."

"에? 왜?"

"엄마가 널 몰래 뒤따라 가 봤거든. 그런데 가게에 들어갔다 나온 네가 잔뜩 울상을 지었어."

"무슨 일이 있었어?"

"집에 돌아와서 나도 그렇게 물었지. 그랬더니 네가 엄마가 좋아하는 육포를 같이 사려고 했는데, 가게 아줌마가 돈이 모자라다고 했다고. 엄만 많은 생각이 들었어. 넌 그때 태어나 처음으로 돈이 모자라면 하고 싶은 걸 못할 수도 있고, 늘 친절하던 사람에게 거부당할 수 있다는 걸 어렴풋이나마 알았을 거야. 엄만, 그때까지 네 첫 심부름이 너에게 그런 의미가 될 수도 있다는 걸 몰랐어. 네가 세상으로 나서야 한다는 게 두렵기까지 했단다."

"지금은 어때?"

"지금도 두렵지. 세상은 정말이지 아무리 오래 살아도 적응하기가 쉽지 않아."

시연은 이러다 엄마가 아르바이트를 못하게 할까 봐 약간 조바심이 났다. 시연의 맘을 눈치챘는지 엄마가 말을 이었다.

"엄만 지금이 꼭 그때와 닮은 것 같아. 설레면서도 두려운 기분이야. 시연아, 아르바이트하다 무슨 일 있음 꼭 엄마한테 얘기해야 한다. 물론 공부도⋯⋯.”

“앗, 그만. 오늘은 여기까지!”

엄마의 공부 잔소리가 이어지자 서둘러 이야기를 마치고 방으로 들어가려던 시연이 다시 엄마에게 물었다.

“근데 엄마, 그러고는 실패였어?”

“응?”

“결국 만두는 못 산 거냐고.”

엄마가 활짝 웃으며 대답했다.

“아니, 넌 울고 나서 돈을 더 달라고 했어. 그러고는 끝끝내 만두랑 육포를 다 사 왔지.”

“오호, 멋져! 꼬마 정시연!”

그런 기대와 두려움 속에서 시작한 첫 아르바이트였다. 며칠 다리가 아파 끙끙대긴 했지만 그것도 좀 지나자 익숙해졌다. 할당받은 전단지를 다 붙이고 나서 텅텅 빈 가방을 들여다볼 땐 설명할 수 없는 뿌듯함이 있었다. 지나는 사람들이 시연이 붙인 전단지를 유심히 쳐다볼 때면 무언지 모를 감동이 밀려왔다. 가을 하늘은 무척 맑았고, 날마다 기다리는 새로운 거리 거리, 골목 골목이 좋았다.

그런데 매일 붙여야 할 전단지 양은 변함이 없는데, 일하는 시간은 들쭉날쭉 변하기 마련이었다. 어느 날 집에 와서 계산을 해 보니 시급으로 따졌을 때 시연이 받는 돈은 최저임금에도 턱없이 모자랐다. 그래도 열심히 하면 사장님이 모른 척하진 않을 거야. 내일부터는 좀 더 빨리빨리 걷자. 어디다 붙여야 할지 오래 고민하지 말고, 사장님이 붙이라고 한 데다 붙이고. 하지만 컨디션이 좋지 않을 땐 맘처럼 속도를 낼 수가 없었고, 걷다가 목이 마르면 편의점에 들어가 음료수라도 하나 사 먹어야 했다. 그러다 일이 터졌다.

사무실 소파에 앉아 텔레비전을 보던 사장은 '그래서 어쩌라고?' 하는 표정을 지었다.

"글쎄 그건 네가 요령이 없어서잖아. 비싼 교육 받았다고 생각해."

"사장님이 붙여도 된다고 하셨잖아요?"

"참 내, 걸리지 않게 했어야지, 걸리지 않게. 엉? 불법부착물 금지라는 말뜻이 뭔지 몰라? 걸리면 안 된다는 뜻이잖아. 며칠 해 봤으니 알 거 아냐. 그런 곳을 다 골라내면 붙일 만한 데가 없어요. 어쨌든 우린 붙여야 하고, 단속은 알아서 피해야지."

"그럼 제가 도망쳤어야 했네요?"

"그렇지. 남자애들은 잘 안 걸려. 걔들은 잘 뛰거덩. 단속에 걸리면 그걸 의뢰한 업주한테 연락이 가. 물론 법적으로 배포자도 단속 대상이긴 하지만 너만 도망쳤다면 아무 문제가 없었어."

"배포자가 어떻게 저예요? 전단지를 거기에 붙이라고 한 건 사장님이잖아요."

사장이 버럭 소리를 질렀다.

"야! 쪼그만 게 심하게 맹랑하네. 붙인 사람이 넌데, 당연히 네가 배포자지 어떻게 내가 배포자야! 아, 시끄럽고. 담부터 걸리지 않으면 되니까 당장 나가 봐."

시연은 구청 단속반이 뒤따라오면서 자기가 붙인 전단지를 수거하는 사실을 알아채지 못했다. 전단지를 다 붙이고 돌아서는데 그들 손에는 시연이 붙인 전단지가 엉망으로 구겨진 채 그대로 들려 있었다. 내가 어떻게 붙인 건데……. 하지만 허탈감도 잠시, 더 큰 문제는 불법 전단지 배포자에게 부과되는 과태료였다. 단속반 아저씨는 실제 수거한 양과는 상관없이 전단지열 장에 해당하는 과태료를 부과했다. 한 장당 18,000원, 열 장이니까 총 18만 원이 적힌 과태료 고지서가 시연의 두 손에 들려 있었다. 시연은 그때까지도 그게 자기 몫으로 돌아오리라는 생각은 전혀 하지 못했다.

첫 월급이 입금된 날 시연은 월급의 절반 정도를 과태료로 납부하고서 은행 문을 나섰다. 갑자기 엄마가 보고 싶었다. 서둘러 집으로 발걸음을 돌리는데 찬바람에 눈이 시려 왔다. 세상진짜 더럽다. 엄마, 나 무서워졌어.

첫 아르바이트는 딱 그날까지였다. 과태료를 낸 탓에 태블릿 PC를 사기엔 돈이 턱없이 모자랐다. 이쯤에서 포기할까……. 잠깐 고민했지만 마침 겨울방학이 시작되었고, 시연은 편의점 아르바이트에 도전해 보기로 했다. 편의점 아르바이트는 전단지 아르바이트만큼이나 자리가 많았다. 일을 하다가 조금이라도 문제가 생기거나 더 나은 조건이 있으면 다들 쉽게 그만두는 모양이었다. 또한 편의점의 낮은 시급도 한몫했다. 최저임금보다 더 주는 곳이 거의 없었다. 그래서 점주들은 돈을 조금 주고도 쉽게 부릴 수 있는 십 대를 선호했다. 시연은 어른들의 그런 꼼수가 너무 싫었지만, 과태료의 위험에서 벗어날 수 있고 추위도 피할 수 있는 동네 편의점에 재빨리 자리를 구했다. 전단지 아르바이트의 억울한 사연은 엄마에겐 말하지 않기로 했다. 첫 심부름을 보란 듯이 해낸 것처럼 엄마에게 당당한 모습을 보여 주고 싶었다. 그리고 방학 내내 열심히 일하면 엄마한테 줄 작은 선물도 함께 살 수 있을 터이다.

"그래서, 그러던 사람이 언제부터 이상해졌는데?"

"일 시작한 지 일주일 정도 지났을 때였나? 촉이 이상하더라고. 일 마치고 집에 가는데 문자가 오는 거야. '잘 들어갔냐.', '내일은 날이 춥다더라.', '벌써 보고 싶다.' 등등."

"완전 스토커잖아. 그때 바로 됐어야지."

"기분이 이상하긴 했지만 점장으로서 챙겨 주는 거라고 생각했어. 무엇보다 전단지 아르바이트보다 편하니까 그만두겠단 생각도 안 들더라고. 내가 전단지 아르바이트할 때 당한 일 얘기해 줬지? 그래서 이 자리가 나한텐 좀 각별하거든."

"야, 근데 점장 몇 살이랬지?"

"아, 몰라. 얼마 전엔 내가 밤 12시까지 연장 근무하고 싶다고 했거든. 첨엔 위험해서 안 된다고 펄쩍 뛰더니, 갑자기 흔쾌히 그러라고 하더라. 일 끝나면 자기가 집까지 태워다 주겠다고 하면서. 그러더니 진짜 외출 나갔다가도 내가 끝날 시간이면 돌아와서 집까지 데려다 주기도 했어."

"매일 그랬다고?"

"응, 꼬박꼬박 시간 맞춰 왔지."

"너무 이상하잖아."

"그런데 2주 전쯤이었어. 아르바이트 마치고 점장님 차에 탔는데, 점장님이 모른 척 우리 집이랑 반대 방향으로 가는 거야."

"어, 어!"

시연의 통화에 너무 몰입한 나머지 석훈이 자기도 모르게 소리를 내질렀다. 자기 목소리에 당황한 석훈은 생수 묶음을 들었다 놨다 하면서 괜한 혼잣말을 했다.

"이걸 들고 갈 수 있으려나?"

석훈이 그러거나 말거나 시연은 통화에 여념이 없었다.

"……. 잊고 싶은데 도저히 잊히지가 않아. 정말 끔찍했어."

그날 시연은 말로 설명할 수 없는 이상한 경험을 했다. 우선 생각할 시간이 필요했다. 화를 내야 하는지 부끄러워해야 하는지, 도대체 이 상황을 어떻게 해야 할지 정리가 되지 않았다.

며칠 동안 머릿속이 온통 그 일로 가득 찼는데도, 생각이 어디를 향하고 있는지 알 수가 없었다. 어느 날은 눈물이 나오다가 현기증이 일기도 했다. 그러기를 며칠째, 이제야 친구에게라도 말할 수 있게 된 건 정리가 끝나서라기보다 누구에게라도 말하지 않고서는 도저히 답이 나오지 않을 것 같아서였다.

"점장님, 여긴 저희 집 가는 방향이 아닌데요. 어디 가시는 거예요?"

"가만있어 봐. 엄마가 매일 너 올 때까지 안 주무시고 기다리고 계시니?"

"어쩌다 기다리실 때도 있는데, 보통은 주무세요."

"그렇구나."

"근데 지금 어디 가시는 건데요?"

"너 매일 연장 근무하느라 힘든데 바람이나 쐬러 가자."

시연은 머리카락이 쭈뼛하게 곤두서는 느낌이었다. 엄마한 테 전화를 하려고 핸드폰을 만지작거렸다. 그런데 긴장감으로 손에 땀이 차서 핸드폰이 자꾸 미끄러졌다. 점장은 그사이 차를 몰아 근처 한강 공원으로 갔다.

"저 집에 갈래요. 그냥 집에 데려다 주세요."

"일주일 동안 힘들게 일했잖아. 내가 상 주려고 그래. 뭐 먹고 싶은 거 없어?"

"벌써 밤 12시가 넘었는데요? 저 다이어트 중이라 저녁도 잘 안 먹어요."

"어차피 여기까지 왔으니 따뜻한 커피라도 한 잔 마시고 가자. 그건 괜찮지?"

그래, 커피 정도야 뭐. 이상한 곳에 데려온 것도 아니고, 날마다 얼굴 보는 사인데 설마 나쁜 짓이야 하겠어? 시연은 애써 나쁜 생각을 떨쳐 버리려고 세차게 머리를 흔들었다. 커피를 사 온 점장은 시연 쪽으로 몸을 틀어 비스듬히 앉았다. 가로등이 드문드문 켜져 있어 주차장은 캄캄했고, 늦은 시간이어서 인적 또한 드물었다.

"집에 가면서 마시면 안 돼요? 여기 좀 무서운데."

점장은 마치 자기가 듣고 싶던 말을 해 주었다는 듯이 씩 웃 어 보였다. 소름 돋는 미소였다.

"그랬어? 무서웠어?"

"네, 그냥 갔으면 좋겠어요."

"나랑 같이 있는데 뭐가 무서워? 이것만 다 마시고 출발하자. 자, 한 모금 마셔 봐. 몸이 따뜻해질 테니까."

점장이 먼저 커피를 후루룩 들이켰다.

"근데 너 다리가 좀 추워 보인다? 괜찮니?"

점장은 자연스럽게 오른손으로 시연의 다리를 쓰윽 쓰다듬었다. 순간 너무 놀란 시연이 점장의 팔을 홱 뿌리쳤다. 그 바람에 시연이 들고 있던 커피가 점장의 허벅지에 왈칵 쏟아졌다.

"앗, 뜨거! 너 대체 뭐 하는 거야!"

점장은 불같이 화를 내며 소리쳤다.

"점장님, 죄송해요. 어떡해…… 죄송해요."

차 안에 있던 화장지로 급히 닦긴 했지만 점장은 커피를 쏟은 허벅지에 화상을 입었는지 인상을 찌푸렸다. 시연은 죄송하다는 말을 계속하면서도 자기가 무엇을 잘못했는지는 알 수 없었다. 점장은 가까운 병원 응급실로 가 버렸고, 혼자 남은 시연은 택시를 타고 집으로 돌아왔다.

그 일이 있은 후로 점장은 시연을 대하는 태도가 확 바뀌었다. 그는 더 이상 시연에게 추근대지 않았다. 대신 이전까지의 모든 호의적인 태도를 거두었다. 이참에 다른 걱정 없이 일만 할 수 있다면, 오히려 잘된 거 아닌가. 그런데 이전에 비해 할 일이 두 배로 늘었다. 평소에는 잘하지 않던 유리벽 청소를 사흘이 멀다 하고 시켰고, 분리수거 쓰레기통은 시간당 한 번씩 비워야 했다. 직접 말은 안 했지만 이건 대놓고 괴롭히는 수준이었다. 얼마 전에는 진열대 선반 꼭대기에 있는 먼지를 닦으라고 해서 사다리를 타고 올라갔다가 중심을 잃고 떨어지는 바람에 발목을 접질렀다. 그래도 시연은 이 모든 건 알바생인 자신이 해야 할 일이라고 받아들였다. 그렇지만 그날 있었던 일에 대해서는 풀리지 않는 질문이 계속됐다. 점장은 왜 그랬을까? 지금에 와서 사과를 받겠다고 한다면 점장은 어떻게 나올까?

"아, 진짜 남자 친구 코스프레 하고 있네."

"효민아, 너한테 털어놓고 나면 좀 시원해질 줄 알았는데……."

"마침 생각나는 사람이 하나 있는데, 이런 일에 대해서 빠삭하거든. 내가 소개시켜 줄게."

"변호사야?"

"그건 아니고, 정확히는 나도 잘 몰라. 무심한 듯 걸어 다니는 법전이라고나 할까."

"그으래?"

효민의 말에 시연의 귀가 쫑긋 섰다. 그때 승주가 편의점 안으로 들어섰다.

"앗, 승주 오빠다. 이만 끊을게. 이따가 다시 통화하자."

승주는 오토바이 탈 때 쓸 핫팩을 몇 개 찾아서 계산대 위에
올렸다.

"오빠, 오랜만이야. 그동안 뭔 일 있었어? 오빠 주려고 진열
기한 지난 삼각 김밥 엄청 모아 놨는데 다 버렸잖아. 어? 오빠
다쳤어? 왜 절뚝거려? 오토바이 타다가 넘어졌어?"

시연이 와르르 쏟아 내는 질문에 승주는 어떤 것부터 답해야
할지 몰라 잠시 멀뚱거리며 서 있었다. 오토바이 어쩌고 하는
얘기에 귀가 번쩍 뜨여, 석훈은 카운터를 등지고 서 있는 승주
라는 아이에게 시선을 멈췄다.

"손님 뭐 찾으시는 거 있으세요?"

승주가 시연의 시선을 따라 돌아보는 바람에 석훈은 그 애 얼
굴을 똑바로 볼 수 있었다. 생김새보다는 우월한 신체 비율이
눈에 띄는 아이였다. 언뜻 정우를 연상시키기도 했다.

"아, 괜찮아요."

승주와 정우의 얼굴이 겹쳐지자 석훈은 뭔가 찝찝한 기분에
사로잡혔다. 그와 동시에 시연의 통화 내용은 순식간에 머릿속
에서 삭제되고 말았다. 시연은 계속해서 승주에게 말을 걸었다.

"오빠, 여기 삼각 김밥. 어젯밤부터 모아 둔 거라 몇 개 안 돼."

"고맙다. 잘 먹을게."

"근데 다리, 많이 다친 거야? 괜찮아? 병원 가 봤어?"

"신경 쓸 거 없어. 별거 아니야."

"얼마 전에 폭설 오던 날 넘어졌구나. 오토바이 운전 조심해. 그런 날은 배달 알바도 좀 쉬엄쉬엄 하라고. 치료비가 더 나오겠다."

"알았어. 담에 보자."

승주가 한쪽 다리를 절뚝이며 가게를 나가자 석훈은 마음이 급해졌다. 무거운 생수는 포기하고 정우에게 줄 팬티만 계산대 위에 올렸다.

"학생, 이거 빨리 계산이요."

시연이 계산을 하는 중에도 석훈은 승주에게서 눈을 떼지 못했다. 승주는 편의점 앞에 세워 둔 오토바이에 힘겹게 올라타더니 시동을 걸었다. 석훈은 본능적으로 승주를 따라가 봐야겠다는 생각이 들었다. 하지만 이미 승주의 오토바이는 큰길 쪽으로 한참이나 멀어져 버린 후였다. 석훈은 승주의 오토바이를 눈으로 좇으며 생각했다.

폭설 오던 날? 오토바이가 두 대였다?

6

스마일

"야. 이 새끼야! 빨리 길 안 비켜!"

복잡한 교차로에서 오토바이를 탄 채 신호를 기다리던 승주는 귀를 찢는 경적 소리와 욕지거리를 듣고 나서야 겨우 정신을 차렸다. 며칠 전 오토바이를 타다가 넘어져 다친 다리를 내려다보던 참이었다. 젠장, 간다고 가! 교통 신호를 어기는 건 승주에게 일도 아니었다. 아슬아슬 곡예 운전은 누구보다 선수였다. 그런데 잠깐 한눈을 판 사이에 이렇게 욕을 먹다니.

제 자신을 기막혀 하던 승주는 이번엔 핸들에 매달린 검은 봉지에 눈길을 보냈다. 조금 전에 편의점에서 받아 온 삼각 김밥이다. 승주의 어려운 사정을 잊지 않고 챙겨 주는 시연이 늘 고

마웠다. 하지만 오늘은 그 친절이 여간 거추장스러운 게 아니었다. 이런저런 생각으로 머릿속이 복잡한 승주는 매섭게 불어 대는 칼바람을 오기로 맞섰다. 절정으로 치닫는 겨울바람을 모조리 폐부로 깊숙이 빨아들일 듯 속도를 내기 시작했다.

승주는 열일곱 되던 해부터 오토바이를 탔다. 배달 아르바이트를 하기 위해서였다. 그렇다고 어느 한 가게에 고용돼 배달을 하는 게 아니다. 승주가 들어간 곳은 배달 대행 사무실이다. 여러 음식점의 콜을 받아 음식을 배달하고, 그 건수에 따라 정해진 돈을 받는다. 음식점 사장은 조금이라도 싼 값에 배달 일꾼을 부리고, 배달 대행 사무실은 중간에서 수수료를 뗀다. 배달 대행 아르바이트는 서빙이나 판매에 비해 급여가 괜찮은 편이었다. 그래 봤자 일이천 원 차이지만 그것도 모이면 큰돈이다. 무엇보다 승주는 돈을 벌어야만 했다.

가게에 속해 있으면 배달 뿐만 아니라 홀이나 주방 일까지 온갖 궂은일을 다 해야 한다. 서빙을 하다 보면 별의별 꼴을 다 당한다. 나이가 어리다고 반말을 찍찍 해 대질 않나, 술에 취해 심한 욕을 퍼붓는 손님도 심심치 않게 볼 수 있다. 입에 맞지 않는다고 손님이 집어 던진 음식을 그대로 뒤집어쓰기도 한다. 그런 억울한 일을 당해도 알바생이 할 수 있는 건 없다. 배달 대행은 오로지 배달만 하면 되니 이 얼마나 좋은가. 게다가 내가 뛴 만큼 돈을 벌 수 있으니, 선택하지 않을 이유가 없었다.

"사무실로 배달 콜이 오면 가게로 가서 우선 네 돈을 주고 배달할 음식을 사는 거야. 주문한 사람이 지불하는 음식값보다 넌 2,000원 싸게 살 수 있어. 그걸 배달하면 손님은 원래 가격대로 돈을 주겠지? 여기서 남는 차액 2,000원이 네가 가져가는 배달 수수료야. 그러니까 한 건당 2,000원. 무슨 말인지 알겠지?"

"아…… 예에."

하지만 처음 배달 대행 사무실을 찾아갔던 날 승주는 적잖이 당황했다. 내 돈을 주고 음식을 사라니? 생각할 틈도 없이 사장은 말을 이었다.

"그리고 여기는 원래 자기 오토바이를 갖고 와서 일하거든? 근데 넌 오토바이가 없잖아. 그래서 사무실에서 오토바이를 빌려 줄 거야. 대신 오토바이 사용료를 매일 사무실에 내야 돼. 사용료 5,000원, 보험료 1,000원. 우리도 다른 데서 빌린 거라 대여료를 줘야 하거든. 그 돈만 내면 오토바이는 근무 시간 끝나고도 네 마음대로 탈 수 있어."

물건을 내 돈으로 사서 배달해야 하고 더구나 하루 6,000원씩을 꼬박꼬박 대여료를 내야 한다니. 잠시 갈등했지만 답은 이미 정해져 있었다. 오토바이가 없으니 어쩔 수 없는 일 아닌가. 이왕 하는 거 좋게 생각하기로 했다. 하루에 얼마를 벌 수 있을지는 모르지만 오토바이 대여료는 나오겠지. 그래, 이 금액에 오토바이를 맘대로 탈 수 있는 게 어디냐, 열심히 해 보리라 마음먹었다. 하지만 배달 아르바이트가 호락호락한 일이 아니라는 걸 깨닫는 데는 그리 오랜 시간이 걸리지 않았다.

출근한 지 얼마 되지 않았을 때였다. 먼저 콜이 들어온 다른 음식점에 들르느라 둘이치킨에는 조금 늦게 도착했다. 사장은 한참 전에 치킨이 나왔는데 왜 이제 오느냐며 들어가자마자 승주를 몰아세웠다. 먼저 배달할 음식이 세 개나 있는데, 그럴 거면 배달 알바를 직접 쓰라고 큰소리 빵빵 쳐 주고 싶었지만 일 하나 줄어드는 게 아쉬워 최대한 비위를 맞춰 주었다.

둘이치킨은 원래 배달 알바를 따로 두었는데, 얼마 전부터 한 달에 15만 원을 내고 승주네 사무실에 배달 대행을 맡겼다. 이전에 비해 인건비는 확연히 줄었지만 배달이 바로바로 안 되니 둘이치킨 사장은 승주를 닦달하고, 배달 대행 사무실에도 항의를 해 댔다. 그래서 승주도 사무실 사장에게 욕깨나 얻어먹었다. 지금이야 한 귀로 듣고 한 귀로 흘리는 데 이력이 났지만, 그때만 해도 사장의 말 한 마디에 하루 컨디션이 오락가락했다. 서빙 아르바이트 못지않게 더럽고 치사했지만, 기분대로 관둘 수도 없었다. 열일곱 미성년인 승주가 할 수 있는 일은 그리 많지 않았기 때문이다. 부랴부랴 치킨을 주문한 부동산 사무실에 도착했다.

"치킨 왔습니다."

문을 열고 들어가니 아저씨 몇 명이서 화투를 치고 있었다. 한 아저씨가 승주를 보더니 작정한 듯 소리부터 질러 댔다.

"야! 주문한 지가 언젠데 이제 갖고 와!"

"죄송합니다. 길이 좀 막혀서요."

"이렇게 늦을 거면 주문을 받질 말든지!"

"죄송합니다. 죄송합니다. 죄송합니다."

언제 봤다고 다짜고짜 반말이다. 이럴 때는 무조건 죄송하다고 하는 게 상책이다. 제 돈으로 값을 먼저 치렀고 음식은 딱히 반품할 방법이 없다. 욕은 먹어도 그만이지만 음식을 반품이라도 하면 그날은 완전 공치는 날이다. 초반에는 하루가 멀다 하고 그렇게 헛수고를 해 댔다. 그러느니 차라리 영혼 없는 사과라도 하는 편이 백 번 낫다. 승주는 얼른 치킨과 맥주를 내려놓았다.

배달 주문이 밀려드는 저녁에는 여러 음식점에 들러야 한다. 빨리 갖다 주라고 재촉하는 가게 사장에, 늦었다고 난리치면서 음식을 반품시키는 손님에, 클레임에 시달리는 사무실 사장한테까지 매일 욕을 먹는 통에 맘 편할 날이 없다. 배달통에 음식이 몇 개씩 들어 있으면 반품당할까 항상 조마조마하고 불안했다. 그 불안은 차가 막히건 빨간 신호등이건 반대 차선이건 닥치는 대로 승주를 내달리게 만들었다. 교통 신호를 지키고 차선을 지키며 성실한 배달만 하다간 먹고 살 수 없다.

배달 아르바이트를 하면서 알게 된 광표는 결국 오토바이 사고로 죽었다. 승주에게 꽤나 선배인 척했던 광표는 피자 가게에서 아르바이트를 했었다. 하지만 거기서 주는 돈이 얼마 안 되자, 마구잡이로 뛰는 배달 대행 아르바이트를 시작했고 그만 하늘로 가 버렸다. 어느 날 광표는 승주에게 친구 된 선물이랍시고 열쇠고리 하나를 건네주었다. 노란색 공 모양에 스마일 캐릭터가 그려진 열쇠고리였는데 뭐 대단한 건 아니고, 피자만땅 가게에서 개업 선물로 나누어 준 것이다.

"좀 웃으라고, 인마."

그렇게 말하면서 광표는 더 해맑게 웃었다. 승주는 비쩍 말라 가죽만 남은 얼굴을 자꾸 잡아당기며 웃는 광표가 이상했다. 눈 씻고 찾아봐도 웃을 일이 없는데 미친놈처럼 왜 자꾸 웃으라는 거야.

"우리 이러다 운 나쁘면 훅 갈 텐데, 웃는 연습이라도 해 둬야 결말이 좀 낭만적이지 않겠냐?"

"야, 홍광표. 웃는 것도 에너지 낭비야. 쓸데없이 왜 얼굴 근육은 쓰고 난리야."

"배달도 서비스잖아. 항상 웃고 있어야 손님이 내 얼굴을 좋게 기억하지. 안 그러냐?"

"야, 아무도 네 얼굴 안 쳐다보거든."

광표는 늘 그랬듯 웃었다. 빗길에 졸음운전을 하던 트럭과 충돌해서 공중으로 붕 떠올랐을 때도, 경찰이 오기까지 7분여를 차가운 도로에서 비를 맞으며 누워 있을 때도, 가족도 없고 친구도 없는 장례식장 영정 사진 속에서도 웃고 있었다. 승주는 광표가 건넨 열쇠고리를 늘 몸에 지니고 다녔다. 그러면 적어도 광표가 자기처럼은 안 되게 지켜 줄 테니까. 그런데 그 열쇠고리가 사라졌다. 감쪽같이.

"엄마, 나 왔어."

온기라고는 없는 어두컴컴한 반지하 단칸방이 승주네 집이다.

"불이나 좀 켜고 계시지. 컴컴하잖아."

"하는 것도 없이 뭘."

승주는 편의점에서 시연이 챙겨 준 삼각 김밥 봉지를 내려놓으며 불을 켰다. 누워 있던 엄마가 힘겹게 몸을 일으켜 세웠다.

"너도 좀 먹어야지."

"난 먹었으니까 엄마나 먹어. 나, 다시 일하러 가요."

"밖이 추울 텐데, 옷 따뜻하게 잘 입고."

"내 걱정 말아."

"엄마가 미안해."

"그런 소리 좀 하지 말랬지!"

괜스레 볼멘소리를 했지만, 승주는 엄마가 먹을 약을 세심하게 챙겼다. 그러고는 문을 나서기 전에 물끄러미 집 안을 한 번 둘러보았다. 간소한 세간 가운데 아빠의 물건이라곤 하나도 없다. 아빠를 피해 이사를 자주 다니면서 모두 버렸다. 도박과 술에 빠져 살면서 틈만 나면 엄마를 때리고 괴롭히던 아빠. 어린 승주는 아빠를 피할 수도 막아 낼 힘도 없었다. 가족의 생계는 오롯이 엄마가 책임졌다. 가녀린 엄마 어깨엔 아빠의 도박 빚까지 얹혀 있었다. 고된 나날 속 승주에게 또다시 불행의 그늘이 드리워졌다. 엄마가 근긴장성이영양증이라는 희귀병 진단을 받았다. 엄마는 주먹 쥔 손을 펴는 데만도 한참이 걸렸다. 간혹 경련으로 쓰러지기도 했다. 일을 계속하는 건 불가능했고, 자연스럽게 승주가 가장이 되었다.

겨우 열네 살이던 승주는 비교적 쉽게 자리를 구할 수 있는 신문과 우유 배달에 나섰다. 그렇게 여러 가지 아르바이트를 전전하며 밤늦게까지 일했고, 다음 날 아침 일찍 학교에 가는 고된 생활이 이어졌다. 그러다가 배달 대행 알바를 알게 되었다. 승주는 중학교를 마치자마자 오토바이 면허부터 땄다. 학교가 끝나고 새벽 한두 시까지 쉬지 않고 일했다. 열심히 하면 형편이 조금이라도 나아질 줄 알았다. 하지만 엄마의 상태는 점점 나빠졌고 승주는 그만큼 지쳐 갔다. 그렇게 몇 달을 버티다 승주는 큰 결단을 내렸다. 고등학교를 그만두고 일에만 매달리기로 했다. 그렇게 꼬박 3년을 일했다. 온몸을 장식한 사고의 흔적이 그 세월을 말해 주고 있었다. 이제는 그 지역의 도로 사정과 교통 신호 체계가 머릿속에 펼쳐질 정도였다. 거래처 사장이며 손님이며 모두 아는 사람들이었고, 수중에 들어오는 돈은 다행히 생활비 수준은 되었다. 겨우 좀 살 만하다 싶었는데, 승주를 주저앉힐 위기가 숨통을 조여 왔다. 승주는 깊은 한숨을 내쉬며 엄마를 돌아보았다.

"엄마. 나, 나가."

"응, 오토바이 운전 조심하고."

"나 기다리지 말고 먼저 자. 혹시 늦더라도 걱정하지 말고."

아픈 엄마를 혼자 두고 집을 나설 때면 늘 마음이 무거웠다. 재수 없게 사고라도 나서 집에 돌아오지 못하면 엄마는 어떡하나. 만에 하나 정말 만에 하나 오토바이 사고로 죽기라도 하면……. 그 걱정이 곧 현실이 될지도 모른다는 불안감에 승주는 한참 동안 문 앞을 서성거렸다. 그리고 며칠 전 배달을 가던 그 시간 속으로 기억을 되돌려 보았다.

"아, 도대체 어디 간 거지? 누가 열쇠고리를 가져간 거야."

7

사건 현장

가만히 앉아서 당하고만 있을 수는 없다. 꼼짝없이 용의자로 몰려서 감금 아닌 감금을 당하고 있는 정우는 환장할 노릇이었다. 정우는 애벌레처럼 돌돌 말고 있던 이불을 박차고 일어났다. 삼촌은 아직 돌아오지 않은 듯했다. 혼자서 끙끙 앓아 봤자 아무것도 나아지지 않는다.

오토바이는 과속방지턱에 걸려 넘어졌는데, 그게 과속방지턱이 아니라 정말 모든 사람이 짐작하는 그것이라면 더 이상 빠져나갈 구멍이 없다. 억울하게 누명을 쓰고 감옥에 가는 시나리오가 정우 인생에 미리 준비되어 있기라도 했던 걸까. 그럼 난 왜 그걸 미리 찾아 읽지도 않은 채 살았던 걸까. 이건 영락없는 함정이었다.

불시에 삼촌 집으로 경찰이 들이닥칠 것만 같아 불안했다. 내 발로 경찰서를 찾아가면 조사하는 과정에서 범인이 아니라는 사실이 밝혀질까. 과연 누가 무엇을 위해서 그런 수고를 해 줄까. 다들 서둘러 사건을 종결지으려고 하겠지. 그러니 섣불리 판단해선 안 된다. 법이 곧 정의를 의미하지 않는다는 것쯤은 정우도 알고 있다. 법은 정우의 편에 서 준 적이 단 한 번도 없었다. 지금 정우는 짐승과 다름없던 새아버지를 폭행했다는 이유로 집행유예를 선고를 받은 상태다. 누군가는 정상참작을 해 주었으니 다행인 줄 알라고 충고하겠지만, 정상을 참작해야 하는 인생을 사는 건 죽기보다 싫었다. 법보다 최선인 것은 도처에 널려 있다. 믿을 수 있는 건 바로 자신뿐. 정우는 직접 누명을 벗기로 결심했다. 계속 머리를 굴려 봐도 가장 의문스러운 건 과속방지턱이었다. 정말 그곳에 과속방지턱이 없었을까.

정우는 주섬주섬 점퍼를 챙겨 입었다. 눈밭에서 구른 그대로 방구석에 처박아 두었더니 여기저기 얼룩이 생기고 퀴퀴한 냄새가 났다. 어우, 질식하겠네. 목도리로 최대한 얼굴을 가렸다. 그리고 모자를 푹 눌러쓰고 그 위에 점퍼 후드로 머리를 한 번 더 덮었다. 얼마 만에 마시는 밤공기인가. 사고 이후로 한파가 계속되어 동네 곳곳이 여전히 빙판길이었다. 정우는 몸을 웅

크리고 가로등 불빛을 피해 천천히 걸었다. 혹시라도 수상하게 보이지 않도록 양손을 주머니에 살짝 찔러 넣었다. 어? 이게 뭐지? 점퍼 오른쪽 주머니에서 동그랗고 미끈한 것이 만져졌다. 정우는 얼른 그것을 꺼내 보았다. 탁구공만 한 크기의 노란색 열쇠고리였다. 스마일 캐릭터의 두 눈에서 빨간 불빛이 번쩍였다. 열쇠고리 뒷면에는 동네에 새로 생긴 피자만땅 로고가 그려져 있었다.

이게 왜 내 주머니에? 피자만땅 근처엔 간 적이 없는데, 참으로 알 수 없는 일이었다. 정우는 평소에 주머니가 불룩해지는 걸 싫어해 아무것도 넣어 다니지 않는다. 어디서 어떻게 굴러들어왔지? 정우는 마뜩잖은 표정으로 열쇠고리를 조물거리다가 바닥으로 툭 떨어뜨렸다. 눈 위에 안착한 열쇠고리의 스마일 캐릭터가 또 눈을 깜빡거렸다. 순간, 머릿속에 한 장면이 선명하게 스쳐 지나갔다. 그날 눈 위에 흩어져 있던…….

승주는 몇 발치 떨어진 곳에 쭈그리고 앉아 사고가 났던 골목을 뚫어져라 응시했다. 골목은 가로등 불빛에 노랗게 물들어 있었다. 오토바이를 몰고 수백 번도 넘게 지나다녔지만 그날처럼 속수무책으로 넘어진 적은 처음이었다. 박스 할머니는 왜 하필 그 시간에 유모차를 끌고 거길 지나고 있었을까. 눈도 오고 길

열정페이는 개나 줘

도 미끄러운데, 집 안에 가만히 계시지. 폐지를 얼마나 줍겠다고. 고작 그 따위로 뭘 어쩌겠다고. 배달만 안 밀렸어도 그렇게 속도를 내진 않았을 텐데, 늦었다고 주문 취소를 하면 하루 일당에서 반도 못 건지니까. 그래서 달리는 수밖에 없었다. 그렇게 하지 말았더라면…….

'하지 말았더라면'의 목록은 수도 없이 많다. 하지만 이제 와서 후회한들 아무 소용없다. 그보다 더 무서운 건 그 후에 승주가 저질러 버린 '하고 말았던' 목록이다. 승주는 분명히 할머니와 부딪혔다. 아니, 엄밀히 말하면 할머니가 앞장을 세우고 걷던 유모차를 빠른 속도로 치고 달렸다. 승주는 갑작스러운 할머니의 등장에 급브레이크를 밟고 몇 미터쯤 미끄러지다 오토바이와 함께 바닥에 나뒹굴었다. 예상대로라면 할머니도 중심을 잃고 내리막길을 구르다시피 하여 길 끝에 가서 멈췄을 것이다.

그 길로 몸을 일으켜 할머니가 있는 곳으로 뛰어갔어야 했다. 그러나 승주는 외면하고 말았다. 할머니가 있음직한 곳을 슬쩍 한 번 훑어보고는 눈을 감아 버렸다. 바닥에 구른 오토바이를 수습하면서 깨진 헤드라이트 조각을 빠짐없이 모아 주머니에 욱여넣었고, 바퀴 자국을 꼼꼼히 지웠다. 그렇게 사고 현장을 아무렇지 않게 수습했다. 다행히 주변에는 CCTV가 보이지 않았다. '하고 말았던' 목록 덕분에 승주는 용의 선상에 오르지 않았다. 하지만 결정적으로 스마일 캐릭터 열쇠고리를 사고 현장에 떨어뜨리고 말았다. 세상에 둘도 없는 열쇠고리를.

대체 어디로 간 거야. 그날 흘린 게 확실한데. 눈이 많이 왔으니 어딘가에 파묻혔을 수도 있다. 그렇게 승주가 범인일 가능성이 완전히 사라진다면, 그것도 나쁘지 않았다. 하지만 그 열쇠고리는 잃어버리면 그만인 물건이 아니다. 승주는 열쇠고리를 찾으려고 사고가 난 후에도 몇 번이나 골목을 어슬렁거렸다. 열쇠고리가 사라지면 그나마 웃을 일이 몽땅 사라지고 말 터이다. 이젠 그 무엇도 시궁창에 처박혀 버린 승주의 인생을 위로해 주지 못할 거라고 후회하면서 열심히 발품을 팔았다. 하지만 열쇠고리는 어디에도 없었다. 누군가 가져간 것이 틀림없었다.

그때 골목을 뚫어져라 쳐다보고 있던 승주의 시야에 한 남자의 모습이 들어왔다. 덥수룩한 머리에 짙은 카키색 야상을 입은 남자는 마치 영구 미제 사건을 수사하는 형사처럼 사건 현장 곳곳을 유심히 살펴보았다. 저 인간은 또 뭐야. 승주는 남자의 행동을 관찰해 볼 요량으로 잽싸게 전봇대 뒤로 몸을 숨겼다.

석훈은 편의점에서 본 녀석을 뒤쫓으려 했지만 오토바이를 타고 금세 사라져 버려 어디로 갔는지 방향조차 확인하지 못했다. 답답한 마음에 동네를 무작정 걸었다. 그 녀석이 진범이라면, 반드시 사건 현장에 다시 나타날 것이다. 경찰이 엉뚱한 놈을 범인으로 지목하고 있으니, 맘 편히 돌아다니고 있겠지. 배달 오토바이는 대부분 같은 기종일 테니 녀석이 타는 오토바이도 정우 것과 같을 테고, 폭설이 내리는 날 다쳤다는 정황도 일치한다.

이런저런 생각을 하며 걷다 보니 석훈도 모르게 사건 현장에 도착해 있었다. 석훈은 골목 구석구석을 살펴보았다. 정우에게 본인이 범인이 아니라는 걸 밝히는 데 일주일의 시간을 준다고 했지만, 이미 뉴스에까지 나온 마당에 정우가 직접 나서서 할 수 있는 건 아무것도 없었다. 정우 사정도 딱했으나 무엇보다 석훈은 이 사건의 진실이 궁금했다. 대체 그날 이곳에선 무슨 일이 있었던 걸까.

골목은 여느 주택가와 다름이 없었다. CCTV는 군데군데 있었지만 안타깝게도 정확히 사고 지점을 비추고 있는 것은 단 한 대도 없었다. 주택가가 대개 그렇듯 이곳도 집 앞 구역을 나누어 번호를 매기고 주차 공간을 표시해 두었다. 주인이 있는 자리지만 간혹 비었을 때는 다른 차가 잠시 주차를 하기도 한다. 급한 사람은 또 급한 대로 담에 바짝 붙여 일렬 주차를 하기도 하고 가만…… 주차, 주차라? 골목을 훑던 석훈의 눈이 갑자기 번쩍 뜨였다. 석훈은 다급하게 핸드폰을 꺼냈다. 어디에 저장해

됐더라. 최한결, 최한결, 그래 여기 있다! 통화 연결음이 길게 이어졌다.

"여보세요."

수화기 너머로 졸린 듯한 한결의 목소리가 들려왔다.

"최한결 맞지? 나 강석훈이다. 기억나지?"

"아, 예. 그 기자님 맞죠? 웬일이세요? 저한테 뭐 알려 주실 만한 정보라도 있으세요?"

"잡소리 말고 그날 찍은 사진 지난번에 나한테 준 거 말고 더 있지? 그거 전부 보내. 하나도 빠짐없이."

한결의 목소리가 자못 날카로워졌다.

"왜요? 제가 왜 그래야 되는데요?"

"내가 너 도와줬잖아. 그러니까 이번엔 네가 날 도와."

"네? 기자님이 언제 저를……."

진말사 사이트를 한창 달궜던 한결을 겨냥한 마녀사냥은 석훈이 관리자 공지를 올린 후 잠잠해졌다. 석훈은 한결의 신상을 공개한 누리꾼 몇 명을 제외하고는 악플러의 고소를 취하하겠다고 밝혔다. 물론 한결이 강석훈 기자와 진말사의 관리자가 동일 인물이라는 걸 알 도리는 없었다.

"아……. 그건 나중에 설명해 줄게. 네가 찍은 사진 중에서 골목 주변에 주차된 차가 보이는 게 있나 봐. 잘 안 보이면 차 안에 블랙박스 깜빡이는 거, 파란 점 같은 거 알지? 그런 게 찍혔나 보라고."

"사진이 몇 장 더 있긴 한데 제대로 안 보여요."

"그럼, 잔말 말고 네가 가진 사진 모조리 다 나한테 보내!"

전화를 끊은 석훈은 급하게 자리를 떴다. 분명히 주차된 차가 있을 터이다. 단 한 대라도 있다면 진실을 밝힐 증거가 될 수 있다!

정우의 기억 속에서 퍼즐 몇 조각이 천천히 맞춰지고 있었다. 눈길 위에 흩어진 오토바이 헤드라이트 파편과 떨어져 나온 부속품 그사이에서 유독 노랗게 보이던 뭔가가…… 오토바이는 이미 작살이 났고, 사장에게 설명을 하려면 고장 난 부속품 하나 정도는 챙겨 가야 했다. 정우는 그중 작은 것들을 대충 주머니에 쑤셔 넣었다. 사장이 정우가 질질 끌고 온 오토바이를 보고 발악할 때 주머니에서 부속품을 꺼내 아무데나 던져 놓았는데, 그때 주머니에 열쇠고리가 남아 있던 것이 틀림없었다.

피자만땅은 길 건너에 있는 가겐데……. 정우는 열쇠고리를 곰곰이 들여다보았다. 만약 사고가 난 날, 자신이 지나가기 전에 다른 오토바이가 먼저 할머니를 치고 도망갔다면? 그게 피자만땅 배달 오토바이였고, 이 열쇠고리가 거기서 떨어진 거라면? 배달 오토바이는 기종이 거의 비슷하니까 그놈이 먼저 사고를 내고 증거를 없앤 거라면? 지지리 재수도 없게 뒤늦게 와서 넘어진 내가 범인으로 몰릴 수밖에! 이 열쇠고리가 결정적인 증거다. 정우는 열쇠고리를 손에 꼭 쥐었다. 주저할 시간이 없었다. 사건 현장으로 가자. 그곳엔 단서가 될 만한 것이 더 있을 터이다. 걸음이 점점 빨라졌다.

정우가 골목에 막 도착했을 때, 어떤 녀석이 눈에 불을 켜고 바닥을 샅샅이 훑고 있었다. 느낌이 좋지 않았다. 정우는 헌옷 수거함 뒤에 몸을 숨기고 녀석을 관찰했다. 모르는 놈이었지만 키와 체격이 정우와 매우 비슷했다. 그렇다면…… 저 녀석이다! 경찰이 흐린 CCTV 영상만으로 저 녀석과 정우를 착각했을지도 모른다. 어렵게 기회를 잡았지만 무엇부터 해야 할지 도무지 감이 잡히질 않았다. 당장 달려가서 놈의 등에 올라탈까? 아니다, 괜히 잘못되면 저놈 손에 오히려 내가 경찰서로 끌려가게 될지도 모른다. 정우는 조바심이 났다.

승주라고 예외는 아니었다. 정체 모를 그 남자가 어디론가 다급하게 전화를 걸더니 이내 사라졌다. 그가 뭔가 알고 있는 게 확실했다. 재빨리 열쇠고리를 찾아서 여기를 떠야 한다. 승주는 남자가 사라진 방향을 재차 확인하고는 골목 안으로 들어서서 바닥을 살폈다. 하지만 언제부턴가 온몸의 감각은 멀찍이 떨어진 헌옷수거함을 향했다. 누군가 자신을 살피며 기회를 엿보고 있었다. 잠복 중인 형사인가? 승주는 골목을 벗어날 심산으로 천천히 고개를 들고 큰길 쪽으로 걸었다. 길가에 오토바이를 세워 둔 터였다.

"어, 어……"

승주가 움직이자 정우는 승주를 몰래 뒤따랐다. 승주도 정우도 걸음이 빨라질 수밖에 없었다. 그러다 승주가 달리기 시작했다. 잡아야 해. 정우도 필사적이었다. 저놈이 범인이야! 둘의 간격이 좁혀지나 싶더니 승주가 꺾인 골목으로 사라졌다. 정우는 전속력으로 뛰었다. 하지만 곳곳이 빙판인 탓에 생각처럼 속도가 붙지 않았다. 점점 숨이 턱까지 차올랐다. 정우 다리에 힘이 풀렸을 때, 승주가 그만 오토바이를 코앞에 두고 빙판에 미끄러져 넘어졌다. 정우가 이를 놓치지 않고 몸을 날려 승주 등에 올라탔다.

"너 뭐야!"

승주가 소리쳤다. 정우는 있는 힘껏 승주를 내리 눌렀다. 승주가 몸을 일으키려고 발버둥을 쳤다. 정우는 승주의 팔을 붙잡고 늘어졌다.

"이 자식이, 안 돼!"

정우가 승주를 단단히 옭아맸다.

"너, 피자만땅 배달하지?"

"아니야! 이거 못 놔?"

"뻥치지 마! 내가 다 봤어. 너 거기다 뭐 흘렸지? 지금 그거 찾고 있잖아!"

버둥거리던 승주가 멈칫하고 정우를 돌아봤다. 그걸 이 자식이 어떻게 알지? 설마 이놈이 갖고 있다는 건가? 어둠 속에서 정우의 얼굴이 흐릿하게 보였다. 승주가 뉴스에서 봤던 대로라면 지금 자신을 붙잡고 늘어지고 있는 녀석이 바로 오정우였다.

"이 나쁜 자식아, 네가 뺑소니지!"

승주 입장에서는 더 이상 생각할 것도 없었다. 이 자식을 어떻게든 때려 눕혀서 열쇠고리를 찾고 도망가야 한다. 승주는 가까스로 몸을 돌려 정우 가슴 위에 올라탔다.

"네가 갖고 있냐? 안 내놔!"

정우가 필사적으로 얼굴을 가리며 소리쳤다.

"미쳤냐? 이 뺑소니 자식아."

"죽여 버린다!"

승주가 악을 쓰고 일어서더니 정우를 발로 밟아 댔다. 애초에 상대가 되지 않는 싸움이었다. 정우는 몸을 돌돌 말면서 승주를 놓치면 죽는다는 생각으로 악착같이 버텼다. 승주는 승주대로 열쇠고리를 찾기 전에는 물러날 수 없었다. 둘은 한참 동안을 눈 위에서 엎치락뒤치락 굴렀다.

"이 자식아. 그게 어떤 건데!"

승주가 다시 정우의 배 위로 올라탔다. 승주의 주먹이 얼굴이며 가슴 할 것 없이 닥치는 대로 정우에게 내리 꽂혔다. 정우는 승주가 몸을 세게 내리 누르고 있어 옴짝달싹할 수가 없었다. 지쳐 가는 건 승주도 마찬가지였다. 정우의 맷집이 얼마나 센지 아무리 때려도 항복할 기미가 전혀 보이지 않았다.

"이 자식, 독종이네."

승주가 가쁜 숨을 몰아쉬며 말했다. 정우는 컥컥 기침을 해 댔다. 입술 사이로 붉은 피가 떨어져 하얀 눈 위를 적셨다.

"절대 못 줘. 천하에 나쁜 자식아."

정우가 피식거리며 웃었다. 승주의 약점을 붙잡으면 억울하게 뒤집어쓴 누명을 벗을 수 있다.

"좋은 말로 할 때 내 놔. 더 맞으면 너 죽어."

"웃기지 마. 맞다가 죽을 확률이 얼마나 된다고. 내가 자주 맞아 봐서 알아."

"내가 안 그랬어! 그러니까 내놓으라고!"

"나보고 그걸 믿으라고?"

"진짜야. 나 아니라고!"

승주가 캄캄한 밤하늘을 향해 악다구니를 쓰며 빙판 위에 털

썩 드러눕고 말았다. 그 옆에 정우도 나동그라졌다. 시끌벅적하던 골목길에 일순 고요가 찾아왔다. 승주는 그날의 상황을 떠올려 보았다. 아니야, 아닐 거야. 광표야, 넌 알지? 내가 그런 거 아니야. 승주는 눈을 질끈 감았다. 어떻게 여기까지 왔는데, 이 따위 녀석 때문에 인생을 망칠 수는 없다. 불쌍하기로 따지면 억울하게 누명을 뒤집어쓴 오정우도 마찬가지긴 하지만…….

"야, 너도 배달하지?"

"……."

정우가 아무런 반응이 없자 승주가 재차 다그쳤다.

"억울하면 경찰서 가서 따져. 애먼 사람 협박하지 말고."

실컷 맞아 쓰린 배를 움켜잡고 있던 정우가 끄응 신음 소리를 냈다.

"경찰서 가면 누가 나 같은 놈 말 믿어 준대? 어쨌든 이제 끝이야. 발뺌하지 마. 네가 나보다 할머니 먼저 쳤지? 그리고 사건 현장에 열쇠고리를 흘렸고 말이야. 여기서 중요한 건 그 열쇠고리가 나한테 있다는 거지."

승주는 탐정처럼 사건의 진실을 비장하게 읊어 대는 정우가 오히려 한심해서 헛웃음이 나왔다.

"그럼 나랑 경찰서 같이 갈래? 가서 진범 잡았다고 떠들어 보지 그래. 그 열쇠고리 흔들면서."

"안 그래도 고민 중이다. 어떻게 할지."

정우라고 큰소리 칠 형편은 아니었다. 지금이라도 승주가 일어나서 제 갈 길을 가 버리면 어쩌지? 그런데 이상하게도 승주는 도망갈 생각은 않고 정우 옆에 계속 널브러져 있었다. 열쇠고리야 정우를 먼저 나게 때리면 충분히 갖고 갈 수 있을 텐데.

"나 피자만땅 소속 아니야. 배달 대행 사무실 소속이지. 그 열쇠고리, 내 거긴 한데 그게 내 거라는 걸 증명해 주지는 못할 거다. 온 동네에 다 뿌린 건데 내 거라는 증거가 어디 있어! 그리고 나 뺑소니 아니라 그랬지."

"너 아니면 누구야 그럼!"

"그걸 내가 어떻게 아냐!"

"분명히 내가 골목을 지나가기 전에 먼저 사고가 났다고! 나는 억울해!"

승주는 정우의 눈에 차오르는 눈물을 보았다. 속으로만 자꾸 울다 보면 언젠가는 터지고 만다. 승주도 많이 울었다. 아버지 때문에 어머니 때문에 어린 승주가 이해하지 못할 여러 이유 때문에……. 어쩌다 승주의 '하고 말았던' 목록 안에 정우도 들어 있었다. 다른 사람에게 사고의 책임을 덤터기 씌운 셈이었다.

"나 때문일 수도 있겠지……. 그렇다고 해도 설대 나는 감옥 같은 덴 못 가."

"누구는 가고 싶어서 가냐! 나도 못 가! 죽어도 못 가!"

정우의 눈물이 기어이 빰을 타고 흘러내렸다. 도대체 어떻게 하란 말이야. 왜 이런 상황에 말려든 거야. 답답하기는 승주도 마찬가지였다. 이 녀석과 마주치지만 않았어도 그놈 인생이니 죽든 살든 알 바 아니었다. 그런데 녀석이 발악을 하는 바람에 결국 엮이고 말았다. 배달 알바가 끝나고 공터에서 둘러앉아 퇴짜 맞은 음식을 나눠 먹곤 하던 녀석들과 오정우도 똑같을 것이다. 돈도 없고 배경도 없고 가진 거라고는 몸뚱이뿐, 그런데 왜 하필 우리냐고!

"소리 지르지 마. 너 여기 있다고 광고하냐."

승주는 한바탕 뒹구느라 벗겨진 정우의 모자를 집어서 다시 씌워 주었다. 정우는 그런 승주의 손을 매섭게 뿌리치고는 점퍼 후드를 뒤집어썼다. 이젠 승주가 진범이라 해도 녀석을 끌고 갈 힘도 없었고, 또 같이 가 달라고 사정한다고 될 일도 아니었다. 정우는 힘겹게 몸을 일으켰다. 그러나 곧 통증 때문에 주저앉고 말았다.

"아, 열라 무식한 놈. 아파 죽겠네. 내가 어려서부터 새아버지란 인간한테 하도 두들겨 맞아서 나름 강철 맷집인데, 패는 수준이 아주 고사양이야."

"그 입 다물어라."

승주는 무릎을 꿇은 채 주저앉은 정우의 구부러진 등을 바라보았다. 등에도 표정이 있다. 증오로 똘똘 뭉친 등은 아무에게서나 볼 수 있는 게 아니다. 승주는 정신을 차리고 정우의 등을 툭 쳤다.

"일어나. 불쌍한 자식아."

승주는 정우의 팔을 어깨에 둘러 일으켜 세웠다. 절뚝거리며 걷던 정우의 머릿속에 문득 잠시 잊었던 삼촌 얼굴이 떠올랐다. 삼촌이라면 지금까지 찾아낸 사건의 파편을 짜 맞춰 줄 것이다. 정우는 승주의 허리를 세게 감싸 쥐었다.

"네가 진짜 결백하다면, 날 따라와. 우릴 도와줄 사람이 있어."

"도와준다고?"

"그래. 하지만 열쇠고리는 생각도 하지 마. 순순히 안 내줄 테니까."

노란 가로등 불빛 아래 둥글게 웅크린 두 그림자가 미끄러지듯 골목 안으로 사라졌다.

8

블랙박스

정우가 현관문 비밀번호를 누르는 동안 승주는 주위를 두리번 거리며 재차 확인했다.

"정말 믿을 만한 사람이야?"

"지금 딱히 누구 있어? 우리를 도와줄 사람 말이야."

문이 열리자 정우는 승주를 빤히 쳐다봤다. 승주는 대답 대신 길게 한숨을 내쉬고 안으로 들어갔다. 온기가 없는 집은 썰렁하 기 그지없었다. 석훈은 아직 돌아오지 않은 모양이다.

"아무도 없는데?"

"그러게. 안 들어왔나?"

정우는 보일러 온도를 높이고 서랍에서 스프레이 파스와 연고를 꺼내 승주 앞에 늘어놓았다.

"그 꼴로 집에 가면 너희 부모님 놀라 자빠지실 거다."

"네가 더 엉망이거든. 싸움도 못하는 게 덤비긴 왜 덤벼?"

승주는 모니터를 거울삼아 물티슈로 대충 얼굴에 묻은 피를 닦고 살살 연고를 발랐다.

"네 주먹보다 내 맷집이 한수 위야!"

세수를 하고 나온 정우는 옷을 벗고 스프레이 파스를 뿌렸다. 며칠 전 사고에 방금 승주에게 맞은 상처로 온몸이 엉망진창이었다. 승주는 내심 미안한 마음이 들었다.

"아, 파스 냄새. 질식하겠다. 이리 내 봐."

승주가 스프레이를 빼앗아 정우 손이 닿지 않는 곳에 뿌려 주었다.

"너희 삼촌 언제 와? 우리 엄마 혼자 있으면 안 된단 말이야."

"아직도 애냐. 엄마 타령은……. 아빠 계실 거 아냐."

"아빠? 아빠는 생각도 하기 싫어."

"내가 진즉에 알아봤지. 너도 나처럼 꼬인 인생이구나."

"아, 됐고. 빨리 삼촌한테 전화나 해 봐."

"핸드폰 켜면 경찰에 추적당할지도 몰라. 한 시간만 기다려 보자. 그때까지 안 오면 넌 일단 집으로 돌아가. 삼촌 오면 내가 연락할 테니까."

정우는 간이침대에 벌러덩 드러누웠다. 만약 삼촌이 와서 정우의 누명을 벗겨 준다면 그때부터 모든 짐은 승주가 혼자 짊어지게 된다. 저 자식은 정말 결백한 걸까. 삼촌이 승주에게도 도움을 줄 수 있을까. 긴장이 풀린 탓인지 방에 온기가 돌기 시작한 탓인지 까무룩 잠이 쏟아졌다. 어느새 정우 옆에서 승주도 새우잠이 들었다.

딩동! 딩동! 딩동!

정우는 다급하게 울리는 초인종 소리에 놀라 잠이 깼다. 잠든 지 30분쯤 지났을까. 삼촌인가? 아니다, 자기 집에 들어오는 사람이 초인종을 누를 리 없다. 게다가 혼자 지내는 게 익숙한 사람이다. 며칠을 같이 지냈지만 다른 사람과의 왕래는 한 번도 없었다. 잠이 깬 승주도 현관에서 들려오는 소리에 집중했다.

"삼촌 말고 누구 올 사람 있어?"

승주가 작게 속삭였다. 정우는 손가락을 입에 대고는 살금살금 현관 쪽으로 걸어갔다. 인터폰 화면에는 검은 양복을 입은 남자가 서 있었다. 체격이 무척 건장해 보였는데 오밤중에 선글라스를 낀 폼이 예사롭지가 않았다. 안에서 기척이 없자 그는 옆을 보고 고갯짓을 했다. 인터폰 화면 밖으로 사람이 더 있는 듯했다. 그 사람이 거칠게 초인종을 다시 눌러 댔다.

"옷 입어. 일단 여길 빠져나가자."

정우가 밖의 눈치를 살피며 점퍼와 운동화를 챙겼다. 둘은 보일러가 있는 베란다 창 쪽으로 움직였다. 그런데 창문 너머로 수상쩍은 검은 승용차 한 대와 가죽 재킷을 입은 남자가 보였다.

"저 사람들이 진짜 경찰인가 봐."

"안 되겠다. 화장실로 가자."

정우는 소리 나지 않게 화장실 창문을 열고 아래를 살짝 내려다봤다. 2층 높이였지만 다행히 중간에 발을 디딜 만한 난간이 있었다. 옆집과 맞닿아 있어 정체 모를 놈들 눈을 피하기에 적당했다. 어느새 초인종이 멈추고 전동 드라이버 소리가 들렸다.

"문을 뜯어내려는 모양이야!"

승주가 다급하게 소리쳤다. 화장실 창문을 통과하려면 최대한 몸집을 줄여야 했다. 먼저 정우가 점퍼를 벗어 아래로 던졌다. 그러고는 변기를 밟고 올라 창문에 몸을 비틀어 넣었다. 생각보다 아찔한 높이였다. 잘못 떨어지면 병원에서 생을 마감할 수도 있겠는데? 하지만 지금은 그런 걸 따질 겨를이 없었다. 부들부들 떨리는 손으로 창틀을 잡고 폭이 20센티미터도 안 되는 난간 위에 간신히 발을 내디딘 정우는 눈을 질끈 감고 아래로 뛰어내렸다. 발바닥부터 정강이까지 저릿한 통증이 올라왔다. 그와 동시에 전동 드라이버 소리가 멈추고, 현관문이 열리는 소리가 들렸다. 검은 옷의 사내들이 구둣발로 현관에 들어섰

다. 승주가 정우의 뒤를 따라 막 화장실 창문을 넘으려는 순간
이었다.

"어어, 저 새끼가!"

용케 화장실로 들어선 선글라스 사내들이 승주의 꽁무니
를 발견했다. 가까스로 난간에 발을 디딘 승주를 잡기 위해 그
중 하나가 팔을 뻗었다. 승주는 놀라서 창틀 잡은 손을 놓쳐 버
렸다.

"어어어!"

승주는 발목을 잡고 바닥을 데굴데굴 굴렀다.

"괜찮아?"

정우가 얼른 승주를 일으켜 세웠다. 발목을 접질린 듯했지만
겨우겨우 발걸음을 뗄 수는 있었다.

"한 놈도 놓치지 말고 잡아!"

선글라스의 지시에 골목을 지키던 사내들이 정우와 승주를
쫓았다. 정우는 승주의 한쪽 팔을 어깨에 걸고 간신히 오토바이
를 세워 둔 곳까지 왔다. 발목을 다친 승주 대신 정우가 키를 빼
앗아 오토바이에 올랐다.

"빨리 타, 인마!"

머뭇거리던 승주가 정우 뒤에 올라탔다. 정우는 있는 힘껏 오
토바이 액셀을 당겼다. 정우는 승주를 태우고 내부순환도로를

타고 강변북로 쪽으로 크게 한 바퀴를 돌았다. 오토바이는 갈 수 없는 길이었지만 어쩔 수가 없었다. 늦겨울 새벽 강바람은 매서웠다. 백미러로 따라오는 차가 없음을 확인하고 정우는 한강공원에 오토바이를 세웠다.

"야, 그 사람들 경찰이지? 이러려고 날 그 집에 데려간 거였냐?"

승주가 정우의 멱살을 잡았다.

"진정해. 내가 경찰에 신고했으면 목숨 걸고 2층에서 뛰어내렸겠냐? 그리고 그놈들이 경찰이라면 날 잡으려 했겠지."

"그럼, 삼촌이란 사람이 신고한 거야?"

"아닐 거야. 삼촌은 네 존재를 모르니까. 근데 실은 삼촌이랑 약속을 하나 했어. 일주일 안에 내가 범인이 아니라는 증거를 찾아내지 못하면 내 발로 경찰서에 가기로."

정우는 머리가 복잡했다. 설마 삼촌이 신고했다면? 아니다, 삼촌이 날 배신할 사람은 아니지. 아까 그놈들이 경찰이라는 증거는 어디에도 없다. 그렇다면…… 정우와 승주를 쫓는 게 아닐지도 모른다. 혹시 삼촌이 쫓기고 있는 걸까. 어째서, 왜, 무슨 일로? 이 모든 의문을 풀려면 삼촌을 만나야 한다. 그때 승주의 핸드폰이 울렸다.

"무조건 받지 마!"

"가만있어 봐. 익숙한 번호라서 그래."

전화를 받은 승주의 얼굴이 점차 굳어졌다.

"야, 오토바이 키 내놔. 우리 엄마, 응급실이래."

"응급실? 엄마 혼자 두면 안 된다더니……. 무슨 일이야? 병원이 어딘데?"

"아, 빨리 키나 줘. 나 도망 안 가."

정우의 시선이 절룩이는 승주의 발목에 꽂혔다.

"같이 가. 내가 널 어떻게 믿어?"

정우가 승주를 태운 오토바이에 시동을 걸었다. 병원에 도착한 승주는 익숙한 걸음으로 응급실을 찾았다. 엄마는 팔뚝에 링거 바늘을 꽂은 채 잠들어 있었다. 엄마가 무사한 것을 확인한 둘은 조용히 병원 건물 밖 벤치로 나왔다.

"우리 엄마, 근긴장성이영양증이야."

승주는 벤치에 앉아 접질린 쪽 운동화를 살살 벗었다. 조금 부었지만 뼈가 상하거나 인대가 늘어나지는 않았다.

"근육을 움직이기 힘들어지는 병이야. 8,000명에 한 명 정도 걸리는 희귀 질환이라더라."

"못 고치는 거야?"

"그런가 봐. 차라리 아플 거면 좀 화끈하게 아프지. 이제 나까지 잘못되면 엄마 병원비는 누가 버냐. 세상 진짜 개 같다!"

정우는 남일 같지 않아 가슴이 먹먹해졌다.

"누가 너 잘못된대? 재수 없는 소리 마. 우리 삼촌이 도와줄 거야. 삼촌 대박 똑똑해. 어, 그래! 롤도 랭킹 탑인 아이디만 다섯 개가 넘어. 그리고 설령 삼촌 손에서 해결 안 되더라도 걱정 마. 내 친구 중에 돈 많은 애 있어. 염 사장이라고, 걔한테 돈 빌려서 좋은 변호사 구하면 돼."

자못 진지하게 위로하는 정우를 보고 승주는 피식 웃음이 터졌다. 허우대만 멀쩡했지 싸움도 못하고 유치하고 그런데…… 꽤 괜찮은 녀석인 것 같았다.

승주는 사고가 나고 며칠 동안 잠을 이루지 못했다. 박스 할머니를 살피지 못한 죄책감, 자기 대신 누명을 쓴 정우에 대한 죄책감, 그리고 아픈 엄마에 대한 미안함까지. 그런데도 계속 진실을 털어 놓지 못했다. 엄마가 아프다는 이유로 핑계를 대고 있었는지도 모른다. 승주는 '하지 말았더라면' 목록과 '하고 말았던' 목록의 엉켜 버린 매듭을 풀 사람은 자신뿐이라고 생각했다.

"미안하다."

"뭐?"

승주의 갑작스러운 사과에 정우는 얼떨떨했다.

"다 나 때문에 생긴 일이니까. 늦었지만 사과하는 거야. 대신 앞으로는 형님이라고 불러라. 내가 너보다 나이가 한참 많거든."

"뭐래? 일단, 삼촌이나 만나 보자. 아까 그 사람들 경찰 아니야. 삼촌이 우릴 신고했을 리 없어. 삼촌이 법에 대해 잘 아니까 상황이 어떻게 되든 도움 받을 수 있을 거야."

승주는 고개를 끄덕이며 벤치에서 일어났다.

"그래, 그렇게 말해 줘서 고맙다. 형님이 돈 뽑아 올 테니까 딱 기다리고 있어. 병원비 내고 햄버거라도 하나씩 사 먹자. 배고파 죽겠다."

승주를 바라보는 정우의 마음은 무거웠다. 내 한 몸 앞가림 하면 되는 정우와 달리 승주에게는 아픈 엄마가 있다. 짐스럽고 도망치고 싶은 엄마라도 승주를 사랑해 주는 엄마가⋯⋯. 문득 꼴도 보기 싫은 엄마 생각이 났다.

지옥에선 상상할 수 없는 고통이 영원히 반복된다고 한다. 그렇다면 정우 집이야말로 지옥을 본뜬 곳이다. 그게 언제부터였는지는 정확히 기억나지도 않았다. 다만 늘 누군가는 때리고 누군가는 맞아야 하는 곳이 집이었다. 아빠는 정우가 첫돌을 지날 무렵 사고로 돌아가셨다. 언젠가부터 같이 살게 된 그 인간은 술만 마시면 이유도 없이 엄마와 정우를 때렸다. 그렇게 피가 나고 멍이 드는 동안 정우는 자랐다. 그리고 어느 순간 더 이상 때리는 사람이 두렵지 않게 됐다. 엄마는 아무런 힘이 없었다. 정우는 엄마가 그 인간과 계속 살아야 하는 이유를 알지 못했다.

사건이 벌어진 그날은 정우의 열다섯 번째 생일이었다. 엄마가 없는 돈을 쪼개 상 위에 미역국과 케이크를 올렸다.

"아버지 오시기 전에 얼른 먹어. 생일 선물 받고 싶은 건 없고?"

엄마는 그 인간을 아버지라 부르길 원했지만 정우는 고집스럽게 아저씨라는 호칭을 썼다. 그 인간도 개의치 않았다. 엄마의 눈가에는 벌겋게 새로운 멍 자국이 올라오고 있었다. 정우는 미역국을 입에 퍼 넣으며 담담하게 말했다.

"있으면, 해 줄 거야?"

"뭐 해 줄까?"

정우는 뜸을 들이다 말했다.

"아저씨랑 이혼해. 우리끼리 살자. 울 학교 상담 샘한테 들었는데 가정 폭력 당하는 사람들 자립시켜 주는 단체가 있대. 살 곳도 마련해 주고, 아저씨랑 떨어져 있게 해 준다더라."

"정우야!"

"내가 자기 자식이면 이렇게 때렸겠어? 아니, 나야 그렇다

쳐. 엄만 뭐야. 둘이 좋아서 사는 거면 엄마는 때리지 말아야지. 한 번만 더 엄마 때리면 경찰에 신고해 버릴……."

정우의 언성이 높아졌을 때, 방문이 벌컥 열렸다. 독한 술 냄새가 확 풍겼다. 그 인간이었다. 정우의 새아버지는 생일상을 발로 걷어차며 화려하게 등장했다. 반찬 그릇이 깨져 산산 조각 나고 케이크가 바닥에 떨어져 으깨졌다. 동시에 주먹과 발길질이 정우에게 꽂혔다.

"정우 아버지, 그만해요! 정우 생일이잖아요!"

여느 때처럼 엄마가 새아버지의 바짓가랑이를 붙잡고 늘어졌다.

"피 한 방울 안 섞인 새끼를 먹이고 입혀 줬더니, 듣자니깐 뭐가 어쩌고 어째!"

엄마의 작은 몸으로 무자비한 발길질이 이어졌다. 정우는 몸을 던져 엄마를 감쌌다. 어릴 적부터 맷집이 붙은 터라 그쯤은 견딜 만했다.

"엄마 때리지 말아요!"

"이게 좀 컸다고 내버려 뒀더니, 힘으로 날 이기려 드네!"

새아버지는 주위를 두리번거리다 정우 방으로 가서 야구 배트를 들고 왔다. 초등학교 때부터 야구부에 들어오라고 설득하던 체육 선생님이 사 준 배트였다. 당시로선 야구란 꿈도 꾸지 못할 일이었다.

"그건 안 돼요! 선물 받은 거예요!"

일말의 망설임도 없이 배트가 정우의 옆구리에 꽂혔다. 허리가 꺾이면서 다리가 후들거렸다. 섣불리 대들었다가는 배트가 엄마에게로 향할 것이다.

"이제 그만해요! 정우야, 빨리 밖으로 나가!"

새아버지를 말리려던 엄마는 그가 휘두른 배트에 놀라 바닥에 쓰러졌다. 깨진 반찬 그릇 조각이 엄마의 얼굴과 팔에 박혔다. 새아버지도 당황했는지 배트를 바닥에 내려놓았다. 방바닥으로 엄마의 피가 뚝뚝 떨어졌다. 그런 엄마를 보자 정우는 눈이 뒤집혔다.

"죽여 버릴 거야!"

정우는 바닥에 있던 배트를 잡았다. 그러고는 그를 향해 배트를 휘둘렀다.

"엄마가 가정 폭력을 인정하지 않는구나. 판결이 나 봐야 알겠지만, 지금으로선 네가 불리해. 만나서 설득은 하고 있지만……."

정우의 변호를 맡은 국선변호사가 말했다. 엄마는 사건이 원만하게 해결되기를 원했지만 새아버지는 정우를 경찰에 고발했다. 엄마가 그 인간의 지속적인 폭력에 시달렸다는 증언만 해 줬어도 재판 결과는 달라졌을 터이다. 정우는 존속 폭행 죄목으로 유죄를 선고받았다. 다행히 집행유예와 보호 감찰 선에서 끝이 났고, 청소년 보호 시설에서 지내다가 보호 감찰 기간이 끝나 갈 무렵 동네치킨에서 아르바이트를 시작했다.

정우는 아직도 엄마를 이해할 수 없다. 결국 자기보다 그 아저씨가 더 필요한 모양이라고 결론을 내렸다. 그래서 어쩌다 한 번씩 전화를 하는 것으로 엄마와 멀어질 준비를 했다.

혼자가 된 정우에게 세상은 아예 설 자리를 없애 버리려 한다. 승주 말처럼 세상 참 개 같다고 정우는 생각했다.

승주가 병원비를 정산하고 돌아와 보니 정우는 이내 사라지고 없었다. 승주 엄마는 정우가 남긴 봉투를 건넸다. 만 원짜리 몇 장과 쪽지, 그리고 스마일 열쇠고리였다. 쪽지에는 달랑 두 줄이 적혀 있었다.

'얼마 안 되지만 병원비에 보태. 오토바이 좀 빌린다.'

같이 삼촌 찾아보자고 하더니…… 승주는 짐작 가는 곳이 있었다. 이 자식, 형님 대신 다 덮어쓰시겠다? 경찰서에 간 게 분명해 보였다. 기다려라! 형님이 간다.

자정 무렵 정우는 3년 전 그날처럼 경찰서 앞에 서 있었다. 병원에서 경찰서까진 단숨에 달려왔지만, 이래저래 복잡한 생각을 하느라 한 시간 넘게 서성거렸다. 정우는 자신의 인생이 딱하고 한심스러워 헛웃음이 났다. 이번에는 뺑소니로 사람이 잘못됐으니 정상참작을 기대하기도 어렵겠지. 하지만 자신이 이렇게 하지 않으면 승주가 모든 죄를 짊어지게 된다. 승주가 벌을 받는 동안 승주 엄마도 함께 고통 받겠지. 그래, 이게 최선이이야. 정우는 눈을 질끈 감고 교통조사과 문을 열고 들어갔다.

"이야, 오정우! 실물이 더 나은데?"

장 형사가 정우를 금방 알아보고는 농담을 던졌다. 교통조사과 안에 들어선 정우의 눈이 휘둥그레졌다.

조사과 한쪽에 놓인 의자에서 석훈과 효민이 꾸벅꾸벅 졸고 있었다. 삼촌이 왜 여기 있지? 아니, 삼촌은 그렇다 쳐도 효민은 왜? 그때 장 형사에게 조사를 받던 남자가 정우를 돌아봤다. 승주였다. 승주는 정우에게 스마일 열쇠고리를 들어 보이며 미소를 지었다. 맥이 탁 풀렸다. 얼마나 어렵게 경찰서를 찾아왔는데, 정우는 다짜고짜 승주에게 달려들어 멱살을 잡았다.

"너, 엄마는 어쩌려고 그래, 미쳤어?"

"집어 치워, 오글거린다. 혼자 영화 찍지 말고."

"농담할 때냐. 진짜 너 어떻게 하려고 그래?"

"형님 생각하는 마음은 갸륵한데, 이미 늦었어. 나 다 얘기했다. 그리고 너희 삼촌이 사고 장면 찍힌 블랙박스도 찾았더라.

이미 인터넷에 쫙 퍼졌던데?"

승주는 경찰서로 오기 전 허기가 밀려와 햄버거를 사려고 들른 가게에서 노트북을 둘러싼 석훈 일행을 발견했다. 의도치 않게 들려오던 그들의 대화 내용으로 미루어 보아 여자아이 뒤에서 있는 후줄근한 사람이 정우가 말한 삼촌이란 걸 알 수 있었다. 대체 저기서 뭘 하는 거야?

그로부터 세 시간 전 효민은 방문을 걸어 잠그고 찰흙을 꺼내 새로 나온 애니메이션 캐릭터를 만들고 있었다. 그나저나 동네 치킨 알바생은 대체 어떻게 된 일일까? 얼마 전 뉴스에 나온 그 애를 보고 깜짝 놀랐다. 치킨 가게 사장과의 저작권 싸움에서 큰 도움을 준 그 애가 과연 그런 짓을 했을까. 조금 불량해 보이긴 했지만 그리 나쁜 아이 같진 않았는데…….

조용히 생각에 잠겨 있던 효민은 갑자기 울려 대는 핸드폰 소리에 화들짝 놀랐다. 핸드폰 화면에 뜬 발신자는 다름 아닌 석훈이었다. 효민은 동네치킨 사장과 저작권 싸움에서 결정적 도움을 준 석훈에게 감사 인사를 전했었다. 그 뒤로도 전단지 캐릭터 작업에 필요한 법 자문을 구하려고 몇 번 연락을 주고받았었다. 그런데 이렇게 늦은 시간에 전화가 온 건 처음이었다.

"너, 미대 입시생이니까 포토샵 좀 할 줄 알지? 지금 잠깐

보자."

석훈은 밑도 끝도 없이 이렇게 물어왔다.

"지, 지금요? 밤 10시가 넘었는데요?"

"자세한 건 이따 얘기해 주마. 집 앞으로 갈 테니 얼른 나와."

치킨 가게에서 헤어진 뒤로 만난 적도 없는 아저씨가 한밤중에 다급하게 호출이라니⋯⋯. 효민은 치킨집 알바생에 관련된 일이라는 걸 단번에 눈치챘다. 효민은 부모님이 깨지 않도록 조심스럽게 현관문을 열고 나섰다.

동네 패스트푸드점에서는 한결이 노트북을 가지고 효민과 석훈을 기다리고 있었다. 효민은 자리에 앉자마자 포토샵으로 한결이 찍은 사진 속 희미한 차량 번호판을 선명하게 만들기 시작했다. 석훈은 효민의 마우스가 바삐 움직이는 모니터를 뚫어져라 응시했다. 사건 당일 주차된 차를 찾아낸다면 사건 현장이 담긴 블랙박스 영상을 확보할 수 있을 것이다. 다행히 모니터 속 흐릿했던 사진이 점차 선명해졌다. 됐다! 차종과 번호판을 알아냈다!

가게 안이 떠나가라 환호성을 지르는 석훈 일행에게 승주가 다가가 자신의 정체를 밝혔다. 놀랄 새도 없이 석훈은 재빨리 경찰에 협조를 요청했고 차주와 연락하는 데 성공했다. 차주에게 사고 당일 영상이 녹화된 파일을 전송받기로 한 후 승주까지 가세한 석훈 일행은 경찰서를 찾았다. 다행히 정우보다 먼저였다.

조사과 의자에 앉아 졸던 석훈이 입이 찢어져라 하품을 하며 일어났다. 효민에게 자초지종을 듣던 정우가 석훈에게 달려들더니 횡설수설 매달렸다.

"사, 삼촌! 안 돼요! 쟤 엄마가 많이 아프거든요. 그런데 병원비 댈 사람이 없대요. 그래서……."

"걱정 마. 블랙박스 영상을 확인해 보니 승주도 할머니를 직접 친 게 아니었어. 물론 승주가 잘못한 부분이 있지만, 아마 재판에서 정상참작 받을 수 있을 거야."

"진말사를 통해서 승주의 딱한 사정을 듣고 도와주겠다는 사람도 나섰어. 이제부터는 오롯이 승주 몫이다. 네 누명은 벗었고, 정 그렇게 승주를 돕고 싶다면 다른 방법을 찾아봐."

정우를 석훈에게서 떼어 내며 한결이 말했다.

승주는 아직 남은 조사가 있어 경찰서에 남기로 했다. 정우는 승주와의 의리로 함께 남았다.

정우의 걱정과 달리 승주는 오히려 마음이 홀가분했다. 이제야 제 할 일을 한 기분이었다.

9

열정페이는
개나 줘

정우와 승주를 제외한 나머지 아이들을 돌려보낸 석훈은 조금은 홀가분한 기분으로 집으로 돌아가는 길이었다. 일단 정우의 누명은 벗겨졌고, 승주란 애는 재판을 받아 봐야 알겠지만 경찰서에서 나오려면 시간이 좀 걸릴 테지.

벌써 달이 서쪽으로 넘어가고 있었다. 새벽 4시쯤 됐으려나. 핸드폰을 꺼내 정확한 시각을 확인하고 싶었지만 따뜻한 겨드랑이 안쪽에 자리 잡은 양손이 쉽게 움직이지 않으려 했다. 새벽 공기에 몸이 자꾸 움츠러들었지만 발걸음은 어느 때보다 가벼웠다. 누군가의 억울한 일을 해결해 주는 건 일주일 동안 닦지 않던 이를 닦은 것처럼 상당한 쾌감이 있었다. 어느새 석훈은 콧노래를 흥얼거렸다. 그러던 것이 집 가까이 이르자 뚝 멈췄다. 큰 덩치의 사내들이 석훈의 집 앞에서 웅성거리고 있었다. 이상한 낌새를 챈 석훈은 겨드랑이에서 손을 빼고 조용히 뒷걸음질 쳤다.

"강석훈 씨, 잠깐 얘기 좀 하지."

갑자기 나타난 걸걸한 목소리의 남자가 석훈 뒤에서 팔짱을 껴 돌려 세웠다. 이어서 살집 좋은 또 다른 남자가 가세했고, 석훈의 집 앞에서 웅성거리던 다른 덩어리들까지 달려왔다. 석훈은 이들에게서 벗어나려고 온 힘을 다해 발버둥 쳤지만 혼자로서는 어찌할 도리가 없었다.

"살려 달라고 소리쳐 봐. 그래 봤자 몇 대 맞으면 금방 멎게 될 테니까."

걸걸한 목소리의 남자가 협박을 했다.

"무슨 얘길 듣고 싶은 겁니까?"

"얘기는 무슨 얘기. 왜, 거, 묻지 마 폭행이라고 있잖아. 그런 거랑 비슷한 거니까 지금부턴 조용히 하는 게 좋을 거다."

남자가 말을 마치자마자 덩어리 중 한명이 날렵한 손날로 석훈의 뒷목을 내려쳤다. 석훈은 비명도 지르지 못한 채 그대로 고꾸라졌다.

얼마나 시간이 흘렀을까. 귀에 닿는 사내들의 떠들썩한 소리에 석훈은 정신을 차렸다. 여기가 어디지? 몸을 움직여 보려 했지만 마음대로 되지 않았다. 석훈은 주위를 둘러봤다. 컴컴해 앞이 보이지 않았지만 코를 찌르는 타이어 냄새와 협소한 공간으로 봐서 차 안이었다. 아마도 손과 발이 묶인 채 트렁크에 던져진 듯했다. 영화에서나 보던 일이 내게 벌어지다니……. 그때 느닷없이 바지 뒷주머니에 넣어 두었던 핸드폰이 요란한 벨 소리를 내며 울렸다. 아뿔싸!

"야, 이거 무슨 소리야? 핸드폰 벨 소리 아냐?"

"네? 아무 소리도 못 들었는데요."

"난 분명히 들었다. 트렁크에 실은 놈 핸드폰 안 빼앗았냐? 너희 자꾸 이딴 식으로 일 할 거야? 빨리 가 봐."

덩어리들이 트렁크에 바짝 다가서는 소리가 들렸다. 시간이 별로 없었다. 석훈은 뒤로 묶인 양손을 더듬기 시작했다. 다행히 바지 뒷주머니에 있던 핸드폰이 잡혔다. 석훈은 어느 때보다도 고도의 집중력을 발휘해 묶인 손으로 핸드폰 벨소리를 무음으로 만들고, 트렁크 가장 안쪽 틈새로 핸드폰을 던져 넣었다.

"에이 씨. 일은 우리가 하고 돈은 지가 중간에서 다 떼 먹으면서……."

"그러게 말이야. 우리도 그 열정페이 아니야? 아, 생각하니까 확 열 받네."

"야, 조용히 해. 들으면 어쩌려고 그래."

그중 한 명이 트렁크 문을 활짝 열었다. 아까 집 앞에서 마주친 덩어리가 확실했다. 석훈은 위험을 무릅쓰고서라도 여기가 어딘지 확인하고 싶었다. 고개를 살짝 들어 보니 도시 외곽 도로 변에 차를 잠깐 세운 듯했다.

"야, 핸드폰 내놔."

"핸드폰은 무슨? 그리고 나 안보여? 묶여 있잖아. 한번 찾아 보시든가."

덩어리들은 석훈의 몸을 더듬고 트렁크 안을 이리저리 살폈다. 중간에서 폭리를 취하는 걸걸한 목소리에게 불만이 많은 듯, 그들의 행동에는 성의가 없었다.

"짜증 나 못해 먹겠네. 핸드폰이 어디 있다고 그래."

"됐어. 오줌이나 싸고 빨리 차에 타자. 춥다."

경찰서에 남은 정우는 조사를 받는 것도 아닌데 이상하게 안절부절 어쩔 줄을 몰랐다. 자신의 결백은 밝혀졌지만 뭔가 놓치고 있는 게 있었다. 그게 뭘까? 정우는 퍼뜩 석훈 집에서 마주친 검은 양복의 사내들이 떠올랐다. 놈들은 우리 중 누군가를 쫓고 있었어. 삼촌을 보자마자 그 얘기부터 해 줬어야 했다. 서둘러 핸드폰을 확인해 보니 석훈으로부터 13통의 부재중 전화가 와 있었다. 정우가 승주와 함께 있던 시간 동안 석훈이 애를 태우며 전화했을 터였다. 정우가 다급하게 전화를 걸어 보았지만 신호음만 울릴 뿐이었다. 재차 통화 버튼을 누르려고 핸드폰 화면을 들여다보는데, 다음과 같은 메시지가 보였다.

친구 강석훈 님과 위치 정보를 공유하시는 데에 동의하십니까?

몇 시간 전 정우와 연락이 닿지 않자 정우의 위치를 파악하기 위해 석훈이 친구 위치 찾기 애플리케이션을 실행한 것이다. 정우는 메시지 확인 버튼을 눌렀다. 화면에 표시된 석훈의 아이콘은 계속 움직여 시내를 벗어나더니 급기야 외곽으로 나가는 고속도로 위에 멈췄다. 정우는 석훈에게 무슨 일이 일어나고 있음을 직감했다.

"장 형사님, 저희가 석훈 삼촌 집에 있다는 건 어떻게 아셨어요?"

"뭔 소리야. 삼촌 집이라니?"

장 형사의 말에 정우는 벌떡 자리에서 일어났다. 역시 검은 양복이 우리를 쫓는 게 아니었어! 정우는 승주에게 다가가 속삭였다.

"승주야 나 먼저 간다. 그리고 오토바이 좀 계속 쓸게."

"무슨 일인데, 그래?"

"아까 삼촌 집에 있을 때 이상한 사람들이 문을 두드렸잖아. 경찰이 아니었어. 아무래도 삼촌을 납치한 것 같아."

그리고 나서 정우는 효민, 한결, 현성을 초대해 단체 채팅방을 만들어 석훈의 소식을 알렸다. 그 시각 친구 위치 찾기 애플리케이션에서 석훈의 아이콘이 다시 움직이기 시작했다. 석훈은 도시 외곽을 벗어나 인근의 야산으로 향하고 있었다. 무슨 일이 벌어지기 전에 빨리 가야 해. 정우는 오토바이의 액셀을 세게 당겼다.

좁고 갑갑한 트렁크 안에서 석훈은 까무룩 잠이 들었다. 꿈속에서 석훈은 6년 전 자신이 다니던 Y기업 전략기획팀 사무실에 와 있었다.

"강석훈 씨."

"네. 과장님."

"지난번 아이디어 공모전에 접수된 것 중 쓸 만한 것 좀 찾아서 정리해 줘."

"네?"

"사람 말 못 알아들어? 공모전에 나왔던 것 중에서 사업화할 만한 좋은 아이디어 추려 내라고."

"그중 괜찮은 아이디어는 이미 입상자와 협의해서 사업화하고 있지 않습니까?"

"입상하지 않은 것 중에서 찾으라는 거지. 장사 한두 번 하나."

"하지만 입상하지 않은 아이디어는 저희 게 아니지 않습니까?"

"왜 우리 게 아니야? 우리 공모전에 제출한 건데. 잔말 말고 시키는 대로 해. 자네 이름도 넣어 줄 테니까 걱정하지 말고. 이건 우리 팀의 아이디어인 거야."

"아이디어의 주인은 따로 있지 않습니까? 주인한테 허락을 받아야 하는 거 아닌가요?"

"그렇게 하라는데 나보고 어떡하라고. 위에서 까라면 까야지. 그리고 널 아껴서 하는 말인데, 세상 그렇게 힘들게 살지 마. 모난 돌은 때려 박히거나 뽑히는 법이야."

"그래도 만약, 이 일이 외부에 알려지면 저희 회사도 피해를 입지 않을까요?"

"관행이야 관행. 문제가 되더라도 금방 사라져. 달리 대기업이겠냐. 법무팀, 홍보팀 애들 놀고 있냐고. 너 회사 몇 년 다녔냐?"

"그게 문제가 아니잖습니까?"

"그럼 뭐가 문젠데? 네 안의 양심, 뭐 그런 거냐? 아이디어 공모전 당시, 시장 상황이나 시기를 따져 봤을 때 좋은 아이디어라고 할 수 없던 것을 떨어뜨린 거잖아. 하지만 지금은 상황이 많이 달라졌어. 이젠 그 아이디어가 좋은 사업이 될 수도 있단 말이야. 이제 와서 아이디어를 낸 사람을 찾아가 '이걸 써도 될까요?' 넙죽 엎드려 물어볼까. 우리 같은 대기업에서 뭣 때문에 그런 짓을 해. 그리고 아이디어에 주인이 어디 있어? 누가 먼저 사업화하느냐가 중요한 거지. 아이디어를 낸 사람도 자기 아이디어랑 똑같은 사업이 이렇게 좋은 회사에서 사업화되고 있다는 걸 알면 기뻐할 거야."

"혹시 지난 공모전 심사에서 입상한 것보다 더 괜찮은 아이디어를 입상 리스트에서 제외한 다른 이유가 있었던 거 아닙니까?"

"이 자식이 진짜 보자보자 하니까."

김 과장은 석훈의 얼굴을 향해 서류 뭉치를 날렸다. 수많은 A4 용지가 눈송이처럼 나풀거리다 바닥으로 떨어졌다. 석훈은 고개를 숙이고 떨어지는 서류 뭉치를 한참 동안 바라보았다.

"너 저기 복사기 앞에 있는 인턴 보이지? 쟤네들 우리 회사 정직원이 될지 모른다는 희망 때문에 이것저것 잘 참아 내고 있어. 휴일에 불러내도 재깍재깍 나오지. 그럼 회사는 쟤네한테 아무것도 주지 않는 걸까? 아니지, 희망을 주잖아. 대기업에서 일할 수 있다는 희망. 그게 인턴이 가진 열정의 정체지. 아이디어 공모전에 응모한 애들도 다를 게 없어. 회사는 열정의 대가로 항상 희망을 준다고. 복잡하게 생각 말고 그냥 시키는 대로 해."

석훈은 이를 악 물었다. 이건 옳은 일이 아니다. 명백한 도둑질이다. 이 사실을 많은 사람이 알아야 한다. 시간이 지날수록 더 많은 피해자가 나온 게 뻔했다. 하지만 그 전에 확실하게 해 두어야 할 것이 있었다. 이런 지시를 내린 사람이 누구인지 알아내야만 했다. 석훈이 몇 주에 걸쳐 조사를 한 결과 모든 부서의 과장급 정도에선 이 상황을 암묵적으로 공유하고 있었다. 지시를 받은 실무자 중에는 아무도 자신이 잘못된 일을 하고 있는지 몰랐고, 또 이 일로 인해 누군가가 피해를 본다는 것도 인식하지 못했다.

한 달 뒤 석훈은 김 과장과 나눈 대화 녹취 파일과 그간 모은 증거 자료를 몇몇 언론사에 넘겼다. 그리고 그들에게서 답이 오기를 기다렸다. 하지만 며칠이 지나도 답은 오지 않았다. 그러던 어느 날 김 과장이 말을 걸었다.

"강석훈 씨, 아주 큰일 하셨어?"

석훈은 등골이 오싹했지만 모르는 척 물었다.

"뭘 말씀하시는 겁니까?"

"글쎄, 뭘까. 넌 네가 영웅이라고 생각하겠지? 하지만 곧 알게 될 거야. 네가 어떤 일을 벌였는지."

김 과장의 비웃음에는 모든 것이 담겨 있었다. 석훈은 일이 잘못됐음을 깨달았고, 어렵게 들어온 회사를 그만두어야 할지도 모른다고 직감했다. 잘못된 일을 바로잡아야겠다는 생각뿐이었는데, 일이 이렇게 되고 보니 덜컥 겁이 나기도 했다. 그날 오후 석훈은 회사로부터 징계위원회에 출석하라는 통보를 받았다. 며칠 뒤 징계위원회에서 석훈은 자신이 언론사에 보낸 자료를 감사팀이 가지고 있다는 사실을 알게 되었다. 언론사는 고발 사실을 바로 Y기업에 통보한 듯했다. 석훈은 회사 내규에 따라 해고 절차를 밟아야 했다. 어차피 잘된 일이었다. 이 큰 덩치와 싸우기 위해서는 일단 회사를 나와야 했다.

석훈은 회사를 그만둔 뒤에도 다양한 방법으로 Y기업의 공모전 비리와 자신의 억울함을 대중에게 알리려 했다. 하지만 대기업을 상대로 언론플레이를 하기에는 한계가 있었다. 몇몇 작은 언론사에서는 석훈의 고발 내용을 인터넷 사이트에 올리기도 했지만 무슨 이유에선지 한 시간도 안 돼 기사는 삭제됐다. 다만 익명을 보장하는 인터넷 게시판에서 만큼은 석훈의 고발 내용이 사람들의 이목을 끌었다.

내부 고발자라는 낙인이 찍혀 제대로 된 취업이 어려운 상황이라 석훈의 생활은 점점 어려워졌다. 제대로 싸워 보려고 해도 싸울 방법이 없었다. 석훈은 서서히 지쳐 갔다. 아무도 자신의 말을 믿어 주려 하지 않았다. 진실이 여기 있는데 누군가의 힘으로, 돈으로 거짓이 되어 버린다. 이 세상에서 내 말을 들어 줄 곳이, 내 말을 믿어 줄 곳이 아무 데도 없단 말인가. 석훈은 자신이 처한 상황이 비단 공모전 비리에만 국한된 것이 아님을 깨달았다. 어딘가에 분명히 있는 진실을, 힘을 가진 자에게 빼앗기고 있었다. 진실을 밝혀내지 못하면 약자는 강자에게 먹잇감이 될 뿐이었다.

그러던 중 외국에서 폭로 사이트를 운영하던 사람이 구속되었다는 이야기를 뉴스에서 보게 되었다. 바로 저거야! 석훈은 이제부터 무엇을 해야 할지 알 것 같았다. 이렇게 '진실만을 말하는 사이트'가 만들어졌다. 진말사의 절대 법칙은 진실만을 말하되 그에 상응하는 돈을 걸어야 한다는 것. 만일 그것이 거짓으로 밝혀질 경우, 자신이 건 돈이 그대로 패널티로 부과된다. 이렇게 함으로써 진말사가 객관적이고 정확한 사실만을 말하는 제대로 된 언론으로의 기능을 하도록 했다. 그리고 판단이 모호한 사회적인 이슈를 다루는 카테고리도 만들었다. 정치적인 사건이나 늘 화제를 몰고 다니는 연예인 이야기는 이곳에서 진실을 판가름하게 될 것이다. 마지막으로 억울한 일을 당한 사람이 더 이상 물러설 곳이 없을 때, 자신의 사연을 올리는 신문고 게시판을 두었다. 몸에 시너를 뿌리지 않고도 사람들에게 진실을 알릴 수 있어야 한다. 그 역할을 진말사가 자처했다.

더불어 석훈은 법을 공부하기 시작했다. 적어도 법은 누구에게나 공평했고, 강자가 약자를 함부로 잡아먹지 못하도록 설정해 놓은 가이드라인과도 같았다. 법이 없다면 인간 세상은 동물의 왕국과 다를 바 없다.

석훈과 덩어리 일행은 도시 외곽 인근 야산의 버려진 축사에 도착했다. 덩어리들이 트렁크 안에 있던 석훈을 가볍게 꺼내 올렸다. 그중에서도 덩치가 더 큰 놈이 석훈을 어깨에 들쳐 메고 축사로 들어섰다. 축사 한쪽에는 정체를 알 수 없는 오물과 쓰레기가 잔뜩 쌓여 있었다. 동물의 시체라도 있는지 악취가 코를 찔렀다.

"그러니까 일을 좀 가려가며 했어야지. 무슨 원한을 샀는지는 몰라도 요샌 이런 일, 우리한테도 잘 안 들어와. 남들은 살면서 한 번 당할까 말까 한 일을 말이지, 응? 왜 이렇게 험한 꼴을 보실까나."

시작부터 진말사는 늘 사이트 자체에 대한 악의적인 댓글로 넘쳐났다. 심지어는 사무실로 쓰던 공간이 원인 모를 화재로 인해 폐허가 됐다. 경찰에 신고를 해 봤지만 별 다른 소득은 없었다. 이후 석훈은 하릴없이 사이트를 폐쇄한 채 몸을 숨겨야 했다. 우여곡절 끝에 사이트를 다시 열었을 때 석훈은 겉으로 보기엔 어느 PC방에서나 찾을 수 있는 게임 폐인처럼 보였다.

친구 위치 찾기 애플리케이션이 가리키는 곳에 가까워지자 정우는 오토바이 시동을 끄고 살금살금 걸어서 접근했다. 그러고는 핸드폰을 꺼내 친구들이 있는 단체 채팅방을 확인했다. 정우는 아이들에게 지금까지의 상황을 전달했다. 그러자 한결이 이 상황을 진말사에서 실시간 방송하는 게 어떻겠냐고 제안했다. 정우는 핸드폰으로 동영상을 촬영했고, 한결은 진말사에 들어가 영상이 방송되도록 방을 하나 만들었다. 동영상이 잘 방송되고 있는지 확인한 정우는 핸드폰이 움직이지 않도록 벽돌 틈에 끼워 넣었다.

한편, 그 시각 진말사에 들어온 사람들은 정우가 생중계 하고 있는 인터넷 방송을 보고 충격에 빠졌다. 사이트 관리자의 비밀번호를 알고 있던 한결은 방송을 더 많은 사람들이 볼 수 있도록 진말사 메인 페이지에 올렸다. 그리고 나머지 아이들은 방송 링크를 포털 사이트와 여러 게시판에 퍼 날랐다. 이들의 활약으로 #진말사, #진말사_운영자, #진말사_협박 등이 유명 포털사이트 실시간 검색어에 올랐다. 어느새 전국에서 방송을 지켜보는 사람이 3만 명을 넘어섰다.

정우가 경찰서를 나간 뒤 승주는 장 형사에게 말했다.

"아까 블랙박스 영상 가져온 아저씨 있잖아요. 얘기 들어 보니까 그 아저씨가 진실만을 말하는 사이트 운영자래요."

"그래? 꼭 동네 백수처럼 생겼던데."

장 형사는 승주의 말을 듣고 바로 진말사에 접속했다. 마침 한결이 메인 페이지에 올린 방송이 중계되고 있었다. 약간 기울어진 화면에 한 남자가 건장한 사내에게 둘러싸여 있는 모습이 잡혔다.

"지금 그거 찍고 있는 게 정우예요. 빨리 정우 핸드폰 위치 추적해 보세요."

딩동!

숨어서 석훈을 지켜보던 정우는 아차 싶었다. 핸드폰 알림음을 꺼 놓는다는 걸 깜빡했다.

　　친구 **승주** 님과 위치 정보를 공유하시는 데에 동의하십니까?

장 형사가 승주 핸드폰으로 친구 위치 찾기 애플리케이션을 실행한 것이다. 덩어리들이 일제히 정우 쪽을 돌아봤다. 몸을 숨기기엔 이미 늦었다. 덩어리들이 정우를 향해 뛰어오고 있었다.

그때 축사 밖에서 사이렌 소리가 요란하게 들려왔다.

"이게 무슨 소리야?"

가로등 불빛 하나 없던 축사 주변이 순식간에 여러 대의 경찰 차들로 둘러싸여 환해졌다.

"삼촌! 삼촌!"

경찰이 덩어리들을 제압하는 동안 정우는 석훈을 부르며 달려갔다. 여전히 이 모든 장면은 정우의 핸드폰을 통해 실시간으로 방송되고 있었다. 정우는 석훈을 얼싸안고 소리쳤다.

"삼촌, 삼촌이 이겼어요! 삼촌의 진실이!"

어스름한 저녁, 경찰서 로비 한쪽에 박스 할머니의 분향소가 차려졌다. 사고가 난 지 일주일 만이다. 할머니의 시신은 관례대로 무연고 처리되어 병원 영안실에서 화장터로 보내졌다. 시민들의 요구로 마련된 분향소에는 할머니의 생전 모습이 환하게 자리를 지키고 있었다. 할머니는 흰머리를 곱게 빗어 넘기고 수줍은 미소를 머금었다. 한평생을 외롭고 고되게 살아온 할머니가 형편이 어려운 아이들에게 장학금을 내어줄 때 느꼈을 기쁨과 자랑스러움이 배어났다. 할머니를 취재했던 신문사에서 제공한 할머니의 마지막 모습이었다.

블랙박스 확인 결과 할머니는 승주가 골목을 지나기 훨씬 전부터 눈밭에서 사경을 헤맸다. 시신을 수습한 병원 측에서는 시신에서 타박상의 흔적을 발견하지 못했다고 했다. 그러니까 할머니는 승주 때문에 돌아가신 게 아니었다. 승주는 할머니가 쓰러지면서 놓친 박스 수집용 유모차를 들이받고 넘어진 것뿐이었다. 정우가 과속방지턱이라 생각했던 것도 거기서 쏟아진 박스 묶음이었다. 승주와 정우 모두 할머니의 죽음과 직접적인 관련이 없었다.

하지만 승주에게는 여전히 마음의 짐이 있었다. 내리는 눈에 덮여 가던 할머니를 옮겨 드리지 못한 것, 추운 바닥에서 싸늘하게 식어 갔을 할머니를 따뜻하게 해 드리지 못한 것. 이는 블랙박스가 승주의 잘못이 없다는 걸 증명해 주었다고 해도 달라지지 않는 사실이었다.

할머니의 영정 사진 앞에서 아이들은 모두 숙연해졌다. 정우가 앞으로 나섰다. 정우는 향 하나를 집어 들어 촛불에 가져가 불을 붙였다. 묵직한 향냄새가 멀리 퍼져 나갔다. 정우는 할머니의 얼굴을 잠시 바라보았다. 그러고는 마음으로 작별 인사를 했다. 할머니, 다음에는 외롭지 않고 더 행복한 사람으로 태어나세요. 정우는 절을 올리고 나서 다소곳하게 두 손을 모으고 고개를 숙였다. 한결, 효민, 현성이 함께 합장을 했다.

"너희 왔냐?"

그때 아이들의 뒤에서 익숙한 목소리가 들렸다. 석훈이었다. 석훈은 여느 때와 달리 말끔한 정장 차림이었다. 아이들 뒤에 섰던 승주는 석훈을 보자 왠지 모를 눈물이 왈칵 터지고 말았다.

"승주야, 괜찮다. 네 마음 다 알아."

석훈이 승주의 눈물을 닦아 주며 말했다. 승주의 눈에선 눈물이 쉽사리 멈추지 않았다. 할머니에 대한 미안함과 죄책감이 한꺼번에 몰려들었다. 그런 승주의 어깨를 석훈은 가볍게 토닥였다.

"그래, 승주야, 법이 주는 벌에는 한계가 있지. 그래서 지금 네가 할머니한테 느끼는 미안함이 법보다 더 무섭고 고귀한 거란다. 사람에게는 양심이란 게 있어. 그게 법보다 더 가혹한 벌을 내리기도 하지. 그런데 그런 벌은 아무나 받을 수 없어. 사람다운 사람만 받을 수 있지. 평생 잊지 말아라. 그 마음이 널 사람답게 만들어 줄 거다."

경건하게 분향을 마친 석훈을 돌아보며 정우가 물었다.

"삼촌은 이제 어디로 가세요? 다시 골방에 숨을 거예요?"

"전국에 내 얼굴이 다 알려졌는데 숨는다고 되겠냐?"

"그럼 어쩌실 건데요?"

"나와야지, 세상 밖으로. 생각해 봤는데 말이야. 너희처럼 일하는 아이들을 위한 상담소를 운영해 보려고 해. 억울한 사연을 가진 아이들에게 도움이 되고 싶다."

"저도 도울게요!"

오지랖의 달인 한결이 제일 먼저 손을 들고 외쳤다. 뒤이어 아이들이 석훈을 향해 손을 들어 보였다.

"저도요!"

"저도!"

"저두욧!"

"좋지, 그래서 하는 말인데. 상담소 스태프로 일할 사람이 필요한데 말이야. 너흰 자격증이나 경력이 없으니까 최저임금은 못 줄 것 같고, 좋은 경험한다 생각하고 나랑 일해 보는 게……."

아이들이 동시에 외쳤다.

"삼촌!"

"열정페이잖아요, 그건!"

"하하하. 농담이야 농담. 오늘 날씨가 정말 좋구나. 곧 봄이 오겠어."

일하는 청소년이 알아야 할 법 꿀팁

석훈 셋, 둘, 하나. 정각 9시. 요놈들 봐라. 설마 알바 첫날부터 지각 하는 건 아니겠지.

효민 헉헉. 삼촌! 아니, 오늘부터는 사장님. 여기 부모님(친권자 또는 후 견인)동의서랑 가족관계증명서(주민등록등본) 갖고 왔어요.

정우 우리 같은 법적 미성년자, 그러니까 만 18세 미만의 근로자가 일을 하려면 부모님 동의서랑 가족관계증명서를 사업장에 제 출해야 하잖아요.

효민 서류는 저희가 미리 갖고 왔으니까 이제 근로계약서 쓰면 되 겠죠?

석훈 오, 근로계약서까지. 제법인데?

정우 일한 만큼의 정당한 대가를 받고 노동자로서의 권리를 챙기려 면 근로계약서 작성은 기본이죠.

석훈 계속해 봐.

정우 청소년을 고용한 몇몇 사업주는 우리가 노동자로서의 권리에 대해 잘 모르는 것을 악용해 정당한 임금을 주지 않거나 부당 한 추가 노동을 강요할 때가 있거든요. 제가 일했던 동네치킨 이 그랬잖아요.

석훈 우리 사이에 서류가 무슨 필요 있어. 내가 알아서 잘해 줄게.

정우 헐~, 동네치킨 사장 처음 만났을 때랑 똑같아.

석훈 그러냐. 흉내 좀 내 봤다. 부끄럽게도 너희가 만나는 사업주가 근로계약서 얘기가 나오면 대개 저렇게 어영부영 넘어가려고 해. 노동법의 일부 조항이 적용조차 안 되는 근로자 5인 미만의 영세 사업장에서는 더더욱 그렇고. 하지만 근로계약서는 반드시 작성해서 노동자로서의 정당한 권리를 보장받아야 한다. 총 2부 작성해서 1부는 사업주가, 1부는 본인이 챙기기.

효민 삼촌, 근로계약서 작성이 법적 의무 사항 맞죠?

석훈 그래. 근로계약서는 근로기준법(제17조)에 근거를 두고 있어. '사용자는 근로 계약을 체결할 때 근로자에게 임금의 구성 항목, 계산 방법, 지급 방법 및 소정 근로 시간, 휴일 연차, 유급 휴가 등 근로 조건에 관한 사항이 명시된 서면을 근로자에게 명시 교부하여야 한다.'라고 규정하고 있지. 이 규정을 위반할 경우 사용자는 500만 원 이하의 벌금을 내야 해.

정우 법이 이런데도 사장들이 부당한 계약 조건을 들이밀 때가 있어요. 다음 일할 사람을 구해 놓기 전엔 일을 그만둘 수 없다든가, 한 달 이내에 그만둘 경우 임금을 주지 않는다든가 말이에요.

석훈 쓥~ 그런 조항은 단칼에 거부해.

효민 얼결에 그런 조항이 적힌 근로계약서에 서명하면은요?

석훈 서명을 했다고 해도 부당한 조항은 지키지 않아도 법적으로 아무런 문제가 없어.

정우 가족관계증명서는 만 15세 이상이면 주소지에 상관없이 가까운 읍면동주민센터에서 신분증을 제시하고 발급받으면 돼. 비용은 1,000원 정도.

효민 대법원전자가족관계등록시스템(efamily.scourt.go.kr) 사이트에서도 발급 가능해. 그런데 사이트에 접속하려면 공인인증서가 필요한데, 청소년은 공인인증서 발급이 어려우니까 부모님의 도움을 받아야 해.

근로계약서는 이런 항목으로
채워져 있어.

연소근로자(18세 미만인 자) 표준근로계약서

_____(이하 "사업주"라 함)과(와) _____(이하 "근로자"라 함)은 다음과 같이
근로계약을 체결한다.

1. 근로계약기간 :   년   월   일부터   년   월   일까지
   ※ 근로계약기간을 정하지 않는 경우에는 "근로 개시일"만 기재

2. 근무장소 :

3. 업무의 내용 :

4. 소정근로시간 :   시   분부터   시   분까지 (휴게시간 :   시   분 ~   시   분)

5. 근무일/휴일 : 매주   일(또는 매일단위)근무, 주휴일 매주   요일

6. 임금
   - 월(일, 시간)급 : _____원
   - 상여금 : 있음 ( ) _____원, 없음 ( )
   - 기타급여(제수당 등) : 있음 ( ), 없음 ( )
     · _____원, _____원
     · _____원, _____원
   - 임금지급일 : 매월(매주 또는 매일) _____일(휴일의 경우는 전일 지급)
   - 지급방법 : 근로자에게 직접지급( ), 근로자 명의 예금통장에 입금( )

7. 연차유급휴가
   - 연차유급휴가는 근로기준법에서 정하는 바에 따라 부여함

8. 가족관계증명서 및 동의서
   - 가족관계기록사항에 관한 증명서 제출 여부 : _____
   - 친권자 또는 후견인의 동의서 구비 여부 : _____

9. 근로계약서 교부
   - 사업주는 근로계약을 체결함과 동시에 본 계약서를 사본하여 근로자의 교부요구와 관계없이 근로자
     에게 교부함(근로기준법 제17조, 제67조 이행)

10. 기타
    - 13세 이상 15세 미만인 자에 대해서는 고용노동부장관으로부터 취직인허증을 교부받아야 하며, 이 계
      약에 정함이 없는 사항은 근로기준법령에 의함

                                               년   월   일

        (사업주) 사업체명 :   (전화 :   )
               주   소 :
               대 표 자 :   (서명)

        (근로자) 주   소 :
               연 락 처 :
               성   명 :   (서명)

내용을 꼼꼼히 읽어 보고
사인해야 해.

부모님동의서는 부모님과 본인의 인적 사항,
사업장 개요 항목으로 이루어져 있어.
어때? 서류 작성은 어렵지도 귀찮은 일도 아니야.

부모님(친권자 또는 후견인) 동의서

○ 부모님(친권자 또는 후견인) 인적사항

성 명:

주민등록번호:

주 소:

연 락 처:

연소근로자와의 관계:

○ 연소근로자 인적사항

성 명: (만 세)

주민등록번호:

주 소:

연 락 처:

○ 사업장 개요

회 사 명:

회사주소:

대 표 자:

회사전화:

본인은 위 연소근로자   가 위 사업장에서 근로를 하는 것에 대하여 동의합니다.

년   월   일

친권자(후견인)   (인)

첨 부: 가족관계증명서 1부

하지만 탈가정 청소년에겐 '부모님동의서'와
'가족관계증명서' 제출은 어려운 숙제같이 느껴져.
우리를 지원해 줄 정책도 필요해.

188

정우 삼촌, 알바 10계명에 대해서 들어 봤어요?

석훈 알바 10계명?

효민 알바를 시작할 때 청소년이 반드시 알아야 할 열 가지 항목을 알기 쉽게 정리해 놓은 거예요.

정우 알바 비기라고 할까요. 히히.

효민 저희 상담소에 찾아오는 친구들에게 알바 10계명에 대해서 만큼은 꼭 알려 줬으면 좋겠어요. 알바를 처음 하는 친구들은 물론 알바를 오래했어도 이걸 알고 있는 친구들이 별로 없거든요.

정우 이런 고급 정보를 맨입으로 알려 드릴 순……. 농담이고요. 효민아!

청소년 알바 10계명

----

1. 청소년(만 18세 미만)은 만 15세 이상이 되어야만 아르바이트를 할 수 있습니다. 단, 중학교 재학 중인 만 17세 이하의 경우와 만 13세 이상 15세 미만 청소년은 고용노동부에서 발급한 취직인허증이 있어야 근로가 가능합니다(근로기준법 제64조).

2. 청소년은 반드시 부모님(친권자 또는 후견인)동의서와 나이를 증명할 수 있는 가족관계증명서를 제출하고 고용주는 이 서류들을 사업장에 비치

해야 합니다.

3. 일을 시작할 때 근로계약서를 꼭 작성해야 합니다.

4. 청소년도 성인과 동일하게 최저임금(2016년 기준 시간당 6,030원)을 적용받습니다. 단, 수습 기간의 경우 3개월 이내의 기간 동안 최저임금의 10퍼센트를 뺀 금액을 지급할 수 있습니다. 다만, 1년 미만의 기간을 정하여 근로계약을 체결한 사람은 최저임금을 보장해야 합니다(최저임금법 제5조).

5. 청소년은 위험한 일이나 유해 업종에선 일할 수 없습니다.

6. 청소년은 하루 7시간, 일주일에 40시간 이내로 일할 수 있습니다. 다만, 당사자 사이의 합의에 따라 하루에 1시간, 일주일에 6시간을 한도로 근무 연장을 할 수 있습니다(근로기준법 제69조).

   * 야간 근로 : 청소년은 밤 10시~새벽 6시 사이에 근무를 할 수 없습니다. 단, 청소년 본인이 동의하고 고용노동부장관의 인가를 받은 상황에서는 야간 근무가 가능합니다(근로기준법 제70조).

7. 근로자가 5명 이상인 곳에서 휴일 근무나 초과 근무를 했을 때 50퍼센트의 가산임금을 받을 수 있습니다.

8. 일주일에 15시간 이상 일하고 일주일을 개근하면 유급휴일을 하루 받을 수 있습니다.

9. 일하다 다치면 산재보험법이나 근로기준법에 따라 치료와 보상을 받을 수 있습니다.

10. 임금 체불 등 부당한 처우를 받았을 땐, 고용노동부 청소년근로권익센터(1644-3119)로 연락하세요.

효민 알바 10계명에 대해서 차근차근 설명해 볼게요. 우선 1~3번은 우리가 앞서 얘기했던 내용과 같아요.

석훈 암, 이건 몇 번을 강조해도 지나치지 않지.

효민 15세 미만인 청소년이 일을 하고자 할 때 필요한 취직인허증에 대해서는 제가 좀 더 찾아봤어요. 취직인허증은 말 그대로 노동부장관이 취직을 해도 좋다고 허가해 주는 서류예요. 법제처(moleg.go.kr) 사이트에서 서식을 다운로드받아서 부모님(친권자 또는 후견인), 학교에 다니는 경우엔 교장선생님의 서명을 받아서 사업주와 함께 관할지방 노동관서의 장에게 제출하면 돼요.

정우 관할지방 노동관서?

석훈 일하게 될 사업장의 소재지를 담당하는 지방 노동청을 가리켜. 고용노동부(moel.go.kr) 사이트에 접속해서 사업장의 소재지를 검색하면 자세한 위치 안내가 나오지.

정우 아하!

석훈 근로기준법 제110조를 살펴보면 만 13세 이상 만 15세 미만 청소년을 취직인허증 없이 고용한 경우에는 2년 이하의 징역 또는 1,000만 원 이하의 벌금에 처한다고 나와 있어.

효민 일하는 청소년과 관련된 법이 이렇게나 많네요.

석훈 자, 4번 최저임금에 대해서는 내가 얘기해 주마. 정부가 매년 최저임금을 결정해 고시하는데, 올해 최저임금은 시간당 6,030원이야. 일하는 청소년도 성인과 똑같이 받을 수 있어.

정우 이런 시급! 최저임금에 대해선 저도 할 말이 많아요. 사장들은 최저임금을 마치 넘으면 안 되는 선처럼 아주 조심스러워 해요. 최저임금은 말 그대로 생계를 위한 가장 낮은 금액인데 말예요.

석훈 오~ 정우, 많이 늘었어. 최저임금제는 근로자의 생활 안정과 근로 능력 향상을 목적으로 국가가 노동자와 사업주 간의 임금 결정 과정에 개입하여 근로자에게 임금의 최저 수준을 보장하고, 사용자에게는 최저임금 수준 이상의 임금을 지급하도록 강제하는 제도야. 일용 근로자, 파트타임 근로자, 외국인 근로자 등 고용 형태나 국적, 연령 등에 관계없이 누구나 최저임금을 보장받지.

정우 최저임금조차 지키지 않는 비양심적인 사업주도 많잖아요.

석훈 그걸 위반한 사업주에겐 최저임금법 28조에 따라 3년 이하의 징역 또는 2,000만 원 이하의 벌금, 혹은 이 두 가지를 동시에 처벌하기도 해. 최저임금에 미달하는 임금을 정한 근로 계약은 그 부분에 한해 무효가 되고, 최저임금액과 동일한 임금을 지급하기로 한 것으로 간주하지.

효민 법이 이렇게 노동자의 권리를 보장하고 있으니, 우리 스스로 그 권리를 지켜야겠다는 생각이 들어요.

정우 일하는 청소년을 바라보는 어른들의 인식도 변해야 해요. 우리를 돈 버는 기계가 아닌 사람으로 대해 주세요!

석훈 최저임금과 더불어 7번 가산임금에 대해서도 잘 알아 둬야 한다. 쉬는 날 일하거나 연장 근무를 했을 때는 반드시 가산임금을 요청해야 해. 여기서 돌발 퀴즈! 하루에 5시간 일하기로 하고 출근했는데, 갑자기 1시간을 더 일하게 됐어. 시급이 7,000원이라면 너희가 받아야 하는 금액은 총 얼마일까?

정우 저요, 저요! 정답 45,500원.

석훈 오~ 정우, 역시 많이 늘었어. 사업주와 약속한 시간보다 추가로 일하면 시급의 50퍼센트를 더 받아야 하니까, 연장 근무 1시간에 대한 시급을 10,500원으로 계산하면 총 45,500원. 정확하게 맞혔다. 이런 걸 연장근로 수당이라고 해.

효민 법정 근로 시간에 대해서도 명확히 알고 있어야 부당한 피해를 입지 않을 수 있어요. 휴식 시간이랑 주휴일도 꼼꼼히 챙겨야 하고요.

석훈 일하는 시간이 4시간일 경우에는 30분 이상, 8시간일 경우에는 1시간 이상의 휴식 시간이 주어져야 하고, 일 시작 전 준비 시간, 일 끝난 후 정리 시간, 손님을 기다리는 대기 시간, 의무적으로 참석해야 하는 교육 및 회식은 모두 근로 시간에 포함된다. 그리고 한 달에 60시간, 일주일 15시간 일하고, 일주일 일하기로 한 날에 모두 일했다면, 일주일에 하루 이상은 반드시 유급휴일을 받아야 하지.

정우 동네치킨에선 휴식 시간과 휴일에 대해 들어 본 적이 없어요.

석훈 안타깝게도 사업주를 대상으로 한 노동법, 노동인권 교육이 절실한 게 우리 현실이야. 그리고 사업장 규모나 고용 형태에 관계없이 노동법을 고루 적용시킬 수 있다면 노동 환경이 좀 더 나아질 수 있을 거다.

효민 무엇보다 청소년의 인권을 존중하는 사회적 분위기가 형성됐으면 좋겠어요. 단지 청소년이라는 이유만으로 똑같이 일했는데도 불이익을 받는 건 너무 억울해요.

석훈 나도 같은 생각이다. 자, 다음으로 알바 10계명 5번에 대해서 얘기해 보자.

정우 5번에 대해선 의문이 먼저 들어요. 우리가 일할 수 없는 업종이 따로 있다니. 할 수 있고 없고는 일하는 주체인 우리가 결정해야 하는 거 아니에요?

석훈 정우 말도 일리가 있어. 하지만 법적 규정에 대해서 한 번쯤 살펴보는 게 좋겠지. 근로기준법과 청소년보호법에서는 18세 이하의 청소년들이 일할 수 없는 곳을 아래와 같이 규정하고 있어.

도덕상, 혹은 보건상 유해하고 위험한 업무 등을 시키는 곳

- 고압작업 및 잠수 작업
- 운전, 조종 면허 취득을 제한하고 있는 직종 또는 업종의 운전, 조종 업무
- 교도소 또는 정신병원 업무
- 소각 또는 도살 업무
- 유류를 취급하는 업무(주유는 제외)
- 브로모프로판(암과 불임을 유발하는 물질로 고용노동부에서 정한 관리대상유해물질 중 특별관리 물질로 분류되어 있다.)을 취급하거나 그것에 노출될 수 있는 업무
- 그밖에 고용노동부장관이 심의를 거쳐 지정하여 고시하는 업무

청소년 고용 금지 업소

- 종합게임장(청소년 게임 제공업 및 인터넷 컴퓨터 게임 시설 제공업)
- 숙박업, 목욕장업, 이용업 중 안마실을 설치하거나 개별실로 나눈 곳
- 티켓다방, 주류 판매를 목적으로 하는 소주방, 호프, 카페

- 비디오물 판매, 대여업, 만화 대여업, 음반 판매업

- 담배 소매업, 유독물 제조, 판매, 취급업

청소년 보호법의 청소년 출입, 고용 금지업소

- 유흥주점, 단란주점, 비디오방, 노래방, 전화방, 무도 학원업, 무도장업, 사행 행위 영업, 성기구 취급 업소

정우 일자리에도 19금이 이렇게나 많다니!

석훈 하지만 청소년이 일할 수 없는 곳에서 일하다가 문제가 생기면 법적 보호를 받기 어려워. 사실 정우가 일했던 동네치킨도 청소년이 일할 수 없는 곳이야. 주류 판매가 주 목적인 사업장으로 분류돼 있거든.

정우 헐, 그럼 청소년 고용 금지 업소에 청소년을 고용한 사업주는 어떤 법적 처벌을 받아요?

석훈 사용자가 근로기준법 제65조 따른 제한 업종에 청소년을 고용한 경우 3년 이하의 징역 또는 2,000만 원 이하의 벌금에 처하고(근로기준법 109조), 청소년보호법 제29조제1항을 위반하여 청소년을 청소년유해업소에 고용하면 3년 이하의 징역 또는 3,000만 원 이하의 벌금에 처하게 된다(청소년보호법 제58조).

정우 아씨, 스무 살만 돼 봐!

석훈 쑵~ 현실은 열일곱 살이니까 우선 너희 또래가 가장 많이 하는 알바부터 살펴보자.

정우 히히, 그건 제가 잘 알죠. 승주처럼 배달 대행 알바도 많이 하고, 시연이처럼 편의점 그리고 패스트푸드점에서 일하는 애들도 좀 있고요. 요즘엔 택배 분류, 사무 보조, 웨딩홀 서빙, 행사장 도우미 일을 하는 애들이 더 많아졌어요.

석훈 고용노동부에서는 청소년이 하는 아르바이트의 업종별 가이드라인을 만들어 놓았어.

배달 아르바이트

- 업주는 개인 보호 장구를 무상 지급해야 합니다.
- 연속 1시간 이상 배달한 경우, 10분간의 휴식시간을 보장받아야 합니다.
- 우천이나 결빙으로 도로 사정이 나쁠 땐 배달을 거부할 수 있습니다.
- 반바지, 슬리퍼를 착용하고 배달할 수 없습니다.

편의점 아르바이트

- 업주는 의자를 비치해야 하며 계산대 부근에 CCTV를 설치할 의무가 있습니다.

- 업주는 술과 담배 등 미성년자 구매 불가 물품에 대한 사전 교육을 실시해야 합니다.

- 근로 청소년 고의가 아닐 경우 업주는 물품 배상 요구를 할 수 없습니다.

- 손님과 시비가 붙었을 땐 업주에게 연락해서 해결해야 합니다.

패스트푸드점 아르바이트

- 업주는 조리 기계에 사용 설명과 주의 사항을 부착해야 합니다.

- 근로 청소년은 날카로운 도구를 사용한 조리를 거부할 수 있습니다.

- 근로 청소년은 기름 등 고온을 이용한 조리의 경우 유의 사항을 숙지해야 합니다.

- 근로 청소년은 조리실 내에서 장화와 장갑을 착용해야 합니다.

주차 안내 아르바이트

- 업주는 주차장 출입구에 감속 표지판을 배치해야 하는 의무가 있습니다.

- 근로 청소년이 직접 주차를 할 수 없습니다.

- 반드시 유니폼을 착용해야 합니다.

- 지하 근무와 야간 근무 땐 유니폼에 야광띠를 부착해야 합니다.

- 차량 사고 발생 시 즉시 관리 책임자에게 연락해야 합니다.

효민 가이드라인이 이렇게 자세하게 나와 있는지 몰랐어요.

정우 그런데 사장들은 일시키기 바쁘니까 이런 건 제대로 설명해 주지 않아요. 친구들 얘기 들어 보면 정말 대박이라니까요. 패스트푸드점에서 일하는 친구는 튀김용 기름에 화상을 입기도 하고요, 택배 물류센터에서 일하는 친구는 무거운 짐을 들다가 허리를 다치기도 하고요. 승주처럼 배달하는 친구들은 두말할 것도 없어요. 사장들은 그 정도 다치는 건 눈 하나 꿈쩍도 안 해요.

효민 삼촌, 알바 10계명 9번을 보면 일하다 다치면 산재보험법이나 근로기준법에 따라 치료와 보상을 받을 수 있다고 하잖아요.

석훈 그렇지. 법적으로 근로자는 직업의 종류와 관계없이 임금을 목적으로 사업이나 사업장에서 근로를 제공하는 사람을 뜻해. 산업재해는 근로자가 일을 하다가 그 업무에 기인하여 발생한 재해를 일컫는 말로 알바를 하다가 부상을 당한 청소년과 유족은 산업재해보상보험법에 따라 보험급여를 받을 수 있어. 사업주가 산업재해보상보험에 가입하지 않은 경우에도 근로기준에 따른 재해보상을 받을 수 있고, 민법상의 손해배상 청구도 가능해.

효민 사업주가 근로자에게 안전 교육을 실시해서 사고를 미리 예방

하면 좋을 텐데.

석훈 이미 그런 법이 시행 중이야. 현행 산업안전보건법에 따르면 사업장에서는 채용 직후 일용직 노동자에게는 1시간 이상, 그 외 모든 근로자에게는 8시간 이상의 안전 교육을 하도록 되어 있어. 그렇지 않은 사업장에 대해서는 과태료를 부과하지. 하지만 일하는 청소년이 많이 몰려 있는 영세 사업장에는 이 법이 적용되지 않아. 법의 사각지대에 놓인 사람들을 위해 계속해서 법을 보완해 나가야 해.

효민 맞아요. 참, 삼촌. 시연이가 했던 전단지 알바야말로 청소년들이 가장 손쉽게 구하는 일자리 중 하나잖아요. 그런데 전단지 알바하는 친구들 보면 시연이처럼 억울한 상황에 처하는 경우가 종종 있어요.

정우 우린 사장이 붙이라고 해서 붙인 건데, 단속에 걸리면 왜 그걸 알바생이 책임져야 해요?

석훈 행위의 주체를 알바생으로 간주해서 그렇지. 전단지 및 포스터 부착 알바를 할 때 허가되지 않은 곳에 부착할 경우 경범죄 처벌법 제3조 제1항 제9호에 의거해서 10만 원 이하의 벌금, 구류 또는 과태료가 부과될 수 있어. 다른 이의 집이나 차 등에 광고물을 끼우거나 글씨 또는 그림을 그리거나 새기는 행위

또한 경범죄에 속해. 전단지 부착 알바를 할 때는 부착이 허가 된 곳인지 아닌지를 반드시 확인해야 해.

효민 그리고 여성 청소년은 성희롱이라는 또 다른 위험에 노출되어 있어요. 그런 일을 겪었을 때 어떻게 대처해야 하는지, 어디에 도움을 청할 수 있는지 잘 모르겠어요. 또 항의를 했다가는 바로 해고당할 수 있으니까 모른 척 넘어가는 경우가 많고요. 시연이처럼 말이에요.

석훈 십 대 여성 청소년이 일하기엔 우리 사회의 기반이 너무 형편 없지. 직장 내 성희롱에 대한 현행 법률이 있지만 성희롱이 발생했을 때 처벌이나 인식이 너무 관대하기도 하고 말이야.

효민 어른들이 청소년의 노동을 일탈로 보는 시선 때문에 일하는 것 자체를 숨겨야 하는 경우도 있고, 나이를 속이기도 해요. 그래서 부당한 일을 당해도 신고나 상담이 어려워요.

석훈 너희 입장에서 생각해 보면 정말 쉽지 않은 일이야. 하지만 법적으로 권리 보장을 받으려면 관련 단체에 신고해야 해. 알바 10계명 10번에 나와 있듯이 고용노동부의 청소년근로권익센터(1644-3119)나 여성가족부가 운영하는 청소년 전화 1388(문자 #1388)을 통하면 임금 체불, 최저임금 미지급, 성희롱 등에 대한 무료 상담을 받을 수 있어.

효민 그런 기관들이 청소년들의 이야기에 즉각적이고 실질적인 대응을 해 줬으면 좋겠어요. 지금 막 생각난 건데 청소년 노동을 책임져 주는 정부 기관이 있으면 어떨까 싶어요.

정우 진짜 좋은 생각이다! 청소년이 직접 정책 수립에도 참여할 수 있도록 해서 우리의 목소리를 높이는 거지.

효민 그날이 빨리 왔으면 좋겠다. 알바 10계명에 대해서 얘길 나누다 보니 노동법에 대해서도 자연스럽게 알게 됐어요.

석훈 나도 이렇게 준비를 많이 해 온 너희와 함께 일하게 되어서 영광이다.

정우 잠깐만요, 삼촌. 마지막으로 승주가 하는 배달 대행 알바에 대해서도 얘길 나눴으면 해요. 그 친구들은 사고가 나도 법적 보호를 받기 어렵다고 하던데요?

석훈 배달 대행업체에서 일하는 사람들은 특수고용직이라고 해서 산재보험의 혜택을 받지 못하고 있는 실정이야.

효민 택배 기사, 학습지 교사, 보험 설계사, 간병인, 방송 작가, 학원 강사 등 헤아릴 수 없이 많은 사람들이 특수고용노동자로 일하고 있다고 들었어요. 우리 주변에서 흔히 볼 수 있는 직업인데······.

석훈 하지만 정부와 법원은 이들을 자영업자, 개인사업자로 판단해

근로기준법상 노동자로 인정하지 않아. 사정이 그렇다 보니 노동자는 최소한의 법적 권리도 갖지 못하게 되고, 사업주가 져야 할 법적 책임이 노동자한테 돌아오기도 해. 특수고용직 노동자들을 위한 정부의 적극적인 대책이 시급하지. 특히 배달 대행 일은 건당 수수료를 수입으로 가져가는 구조이다 보니 속도 경쟁으로 사고의 위험에 직접적으로 노출되어 있고, 실제로 사망 사고도 잦아. 그래서 최근 여성가족부에서는 배달 대행 일을 하고 있는 청소년에 대한 실태 조사를 거쳐 종합적인 보호 방안을 마련하겠다고 발표했어.

효민 정책을 만드는 어른들이 책상 앞에만 앉아 있지 말고 우리가 일하고 있는 곳에 직접 와서 노동 환경이 어떤지 꼼꼼하게 살펴봤으면 해요.

정우 우리가 어떤 일을 하든 마음 놓고 안전하게 일할 수 있는 환경을 만들어 주세요!

석훈 청소년을 미성숙한 존재로 규정짓고 너희가 하는 노동까지도 미성숙하다고 치부해 버리는 어른의 시각이 우선 바뀌어야겠지. 나부터도 그렇고.

정우 그래도 삼촌은 꼰대는 아니니까.

석훈 뭣이!

효민 우리가 힘을 합쳐 같은 목소리를 낸다면 청소년의 노동인권도 한 걸음씩 앞으로 나아갈 수 있을 거라고 생각해요. 이미 그런 움직임이 일고 있기도 하고요.

일하는 청소년과 함께해요!

청소년노동인권네트워크 cafe.daum.net/nodongzzang

- 인천, 부천, 경기, 광주, 전북, 충남, 충북, 대구, 부산, 울산 등에서 독립적으로 활동하고 있는 전국 단위 네트워크이다. 각 네트워크는 노동인권 교육 강사단 양성, 청소년 노동인권 교육 실시, 청소년 노동에 대한 실태 조사 및 캠페인, 정책 제안 등 활발한 활동을 벌여 오고 있다.

청소년유니온 blog.naver.com/youth1524

- 만 15세 이상 24세 이하 청소년이면 누구나 조합원으로 가입할 수 있는 노조이다. 청소년 노동인권 교육 강화, 특성화고등학교 현장 실습 근로 환경 문제 개선, 청소년 아르바이트생에 대한 부당 대우 대응 등을 위한 활동을 이어 나가고 있다.

알바노조 alba.or.kr

- 2003년 탄생한 우리나라 최초의 알바 노동조합이다. 알바생과 다양한 저임금 노동자들의 억울한 제보를 받아 고용주와의 교섭, SNS와 언론을 통화 여론화, 항의 시위, 제도 개선 등을 통해 알바의 권리를 찾아가고 있다.

청소년인권행동 아수나로 cafe.naver.com/asunaro

- 청소년이 학교 및 가정, 일터 등에서 인권을 보장받는 사회를 만들기 위해 청소년 스스로가 중심이 되어 직접 행동을 통해 잘못된 것을 바꿔 나가는 단체이다. 〈요즘것들〉이라는 소식지를 발간하고 있다.

정우 일하는 청소년 여기로 모여라!

효민 서로에게 지킴이가 되어 줘!

석훈 어른은 안 되겠니?

일하는 청소년이 알아야 할 법 상식
열정페이는 개나 줘

초판 1쇄   2016년 10월 28일
초판 4쇄   2021년 3월 30일

지은이   창작크루 고온

책임편집   신정선
마케팅   강백산, 강지연
디자인   이정화

펴낸이   이재일
펴낸곳   토토북
주소   04034 서울시 마포구 양화로11길 18, 3층 (서교동, 원오빌딩)
전화   02-332-6255
팩스   02-332-6286
홈페이지   www.totobook.com
전자우편   totobooks@hanmail.net
출판등록   2002년 5월 30일 제10-2394호
ISBN   978-89-6496-317-3 43320